A Pedagogia da Compaixão

e a

Proteção Social Plena

... porque o HOMEM DE BEM é bom.

Texto revisado em 03/03/2021
Edição com Índice Remissivo

Agradeço

Deus, nosso Pai, e Jesus nosso Mestre.

Ao Espiritismo e ao Evangelho de Jesus, que j□ nos anos verdes da minha existência encheram de sentido e segurança o caminho que me caberia trilhar.

Aos meus filhos *Camila, Julie, André, Jhonatas, Augusta, Adriana, David, Maiara, Daniel, Sarah e Gabriel.* Nesta existência têm sido eles os respons□veis pelos melhores e mais felizes momentos.

Ao Denis, meu genro e filho amado, que vem me acompanhado nos meus escritos fazendo correç□es, ajustando textos, formatando e me incentivando como ninguém.

Minha filha Guta, cujo português acurado minimizou os erros e os equ□vocos; afinal nossa maravilhosa l□ngua é t□o rica de nuances...

Aos que com sua palavra, seu silêncio, seu sorriso, e sua compreens□o, me incentivaram.

E, aos leitores aos quais espero ser □til.

Dedico esta obra a minha Mãe

Minha mãezinha, Benedita Pini, é a autora moral deste livro. Nada mais faço que o reporte às falas dela.

Minha mãe abraçou e viveu a *pedagogia da compaixão* nas salas de aula, na sala da nossa casa, no tanque da lavar roupa, no fogão muitas vezes sem lume, na panela quase sempre vazia, na receita do médico que ela colocava na fresta da parede de tábuas por onde o vento frio passava sem pena:

"a receita fica aí... Vai ajudar diminuir o frio... E quem sabe Deus não manda o remédio..."

Obrigada minha mãe.

Porque o remédio nunca faltou! Nem a comida. Nem a lenha para o fogão singelo...

No momento em que escrevo estas palavras, minha mãezinha ***"está serenamente adormecida"*** num leito de hospital enquanto aguarda que os Anjos de Deus venham desatar os laços que ainda a prendem ao corpo material.

Meu coração está arpoado pela saudade que já é imensa.

Mas ela merece voar; a Serva Fiel que Jesus determinou ficasse adormecida até que Ele pudesse vir buscá-la pessoalmente.

Não tenho dúvidas de que os Anjos do Senhor estão velando por ela e guardando o seu sono até o Mestre chegue...

Eu sei, Mãezinha, que vacilas em romper os liames corporais para não deixar a filha querida sem o teu sorriso lindo e fácil.

Então vou cantar para ti Mãezinha e te dizer:

"Voes. Nós ficaremos bem."

Voes Mãezinha

Quando numa primavera aqui cheguei,
Teu colo e teu peito farto me acalentaram.
E agora quando neste outono te vi dormir,
Que posso, te dizer cantando senão que vás!
Vá doce Mãezinha voar em paz,
Que eu ficarei aqui por um pouco mais...
És a Serva Fiel, e este é o teu segredo.
Então voes livre, voes sem medo!
Conhecerás tantos mundos novos e lindos céus
E eu, ficarei aqui te vendo voar...
Nunca, nunca esquecerei o teu riso fácil.
E, o Amor Celeste que me ensinastes.
Vá minha Mãe querida; és esperada.
Já sabes, na Casa do Pai há muitas moradas.
Vás que o teu Amor te espera contente
Para contemplarem juntos novos poentes.
E eu, ficarei até a estação chegar.
E tu, vens quando puderes nos abraçar...

Porto Velho, dia das mães de 2020.

No dia 21 de maio de 2020 minha doce Mãezinha empreendeu seu lindo Voo, amparada por uma Coorte de Servos de Jesus.

Até Breve Madrezita!

CONSIDERAÇÕES

Esta é uma obra que busca sensibilizar esta geração nascente para a Era Nova que se avizinha e o aprofundar do pensamento que ela vai exigir de cada um.

Nas linhas que compõem este trabalho refletiremos sobre o significado da compaixão e da misericórdia nas tarefas que nos cabem na Terra.

Pensaremos na urgência de serem restauradas as dimensões de liberdade e sensibilidade que a humanidade corrompeu e perdeu quando se deixou mimar pelo conforto supérfluo e por tudo o que de egoísmo ele é capaz de gerar.

A civilização nos deve essa perda. Entretanto, é esta mesma civilização que no-las devolverá sem que precisemos desconsiderar a filosofia, a ciência ou a religião.

Sob a luz de uma pedagogia que estabeleça os princípios alinhados aos propósitos norteadores das ações e intervenções necessárias a fim de que o homem se torne um agente do progresso e do bem para todos, realizaremos esse objetivo.

Meditaremos no legado do **poeta Jean Jacques Rousseau**[1] e seus anseios por liberdade, igualdade e fraternidade.

Rousseau nos ajudará. Não nos perderemos nos argumentos de que suas ideias fundamentaram teorias e sistemas chamados de *esquerda;* porque isso não é verdade.

---

[1] Jean Jacques Rousseau nasceu em Genebra – Suiça em 1712. Orfão da mãe que morreu no parto viveu seus primeiros anos com o pai e depois com parentes da sua mãe. Partiu aos 16 para uma vida de aventuras. Suas ideias de liberdade, igualdade e fraternidade são consideradas precursoras da Revolução Francesa. Era considerado um rebelde na era da razão pelas ideias que remetiam à natureza e à sensibilidade. Morreu em 1778 no interior da França. Seus ossos foram trasladados onze anos depois da sua morte para o Panteão de Paris por ocasião das homenagens que lhe foram prestadas durante a Revolução Francesa.

Gosto especialmente da forma como o filósofo do nosso tempo, Edgar Morin[2], se refere a Rousseau:

> *"Amo esse genebrês, totalmente autodidata, de uma sensibilidade surpreendente, que após todo tipo de aventuras desembarcou em Paris e, entre os filósofos da época, demonstrou imediatamente a profundidade da sua inspiração, inspiração essa que era simultaneamente literária, política e filosófica. Ele logo escandalizaria os filósofos que a princípio o haviam recebido de braços abertos."*[3]

Rousseau é esse poeta de alma inquieta e às vezes profundamente atormentada por suas incoerências tão humanas.

Mas é ele quem canta os primeiros acordes do hino do Mundo Melhor onde reinará para o sempre o Bem sob o império da lei de justiça, amor e caridade.

---

[2]Edgar Morin, pseudônimo de Edgar Nahoum. Paris, 8/07/1921. Antropólogo, sociólogo e filósofo francês. Judeu de origem sefardita. Pesquisador. Formado em Direito, História e Geografia. Realizou estudos em filosofia, Sociologia e Epistemologia. Autor de mais de 30 livros dos quais destacamos: O método – 6 volumes; Introdução ao pensamento complexo, Ciência com consciência e Os sete saberes necessários para a educação do futuro.

[3] Meus Filósofos. Edgar Morin. Editora Sulina, 2012. Página 67.

Prefácio[4]

PROPOSTA METODOLÓGICA PARA O ENSINO APRENDIZABEM DE 1ª A 4ª SÉRIE DO ENSINO FUNDAMENTAL

Alicerce da instrução e do conhecimento[5]

Benedita Pini[6]

A metodologia inadequada para a faixa etária normalmente usuária do ensino fundamental, é causa evidente da evasão e do baixo rendimento escolar.

PALAVRAS CHAVE: *ensino fundamental; ensino aprendizagem; metodologia; evasão e reprovação escolar.*

INTRODUÇÃO:

Este artigo tem por objetivo disponibilizar minha experiência profissional enquanto educadora por mais de cinquenta e cinco anos, especialmente no atendimento ao público usuário do ensino fundamental; as crianças na faixa etária compreendida entre seis a onze anos.

---

4 Este Prefácio é um artigo, dentre os inúmeros que ela deixou, elaborado por minha mãe Benedita Pini e que reproduzo aqui em sua homenagem e para que a posteridade conheça um pouco do pensamento dessa mulher forte e intimorata.

5 Este artigo foi escrito no de no ano de 1993 e deve ser contextualizado pelo leitor.

6 Pedagoga e professora primária por 31 anos no Estado do Paraná e por mais 20 anos no Estado de Rondônia; Presidente do Conselho de Educação do Estado de Rondônia por duas gestões; Secretária Municipal de Educação de Porto Velho; Presidente do Conselho de Direitos da Criança e do Adolescente por várias gestões; Presidente do Instituto Cultural e Educacional Espírita André Luiz por 12 anos até se afastar por questões de saúde; figura ativa na comunidade educacional do Brasil. Nascida na cidade de Marilia-SP, em 03 de novembro de 1930 (porém registrada como se nascida no dia 03 de dezembro de 1933) e desencarnada no dia 21 de maio de 2020 às 21:45 horas na cidade de Porto Velho-RO.

Ao longo desses anos que fizeram minha carreira, constatei que a mudança na metodologia do ensino aprendizagem é necessária e urgente para que alcance as metas educacionais com eficiência e eficácia.

DESENVOLVIMENTO:

O grande índice de reprovação e evasão escolar no Ensino Fundamental e Médio é consequência do ensino aprendizagem nas primeiras séries do Ensino Fundamental (1ª a 4ª série). Fase ou ciclo do currículo por atividades.

É nesta fase que se estabelece o alicerce da instrução e do conhecimento. Predomina o concreto. É o ver, pegar, sentir. E será através das várias atividades que o aluno vai interiorizando, através dos sentidos os conteúdos programáticos. Neste momento a criança vai saindo gradativamente da atividade estritamente lúdica de socialização da Educação Infantil, para atividades mais direcionadas aos conteúdos da Língua Portuguesa, Matemática, Estudos Sociais e Ciências.

Adentramos novo universo quando deve ocorrer o fortalecimento da socialização apreendida na Educação Infantil, e o desenvolvimento do espírito de cooperação no ensino fundamental e médio. A parceria com o outro é muito importante nestes primeiros anos do Ensino Fundamental. Precisamos compreender que a criança não é um ser analfabeto. Ela simplesmente ainda não fez a descoberta do segredo da codificação das letras, mas ela conhece e sabe o que é um copo, uma cadeira, um homem, uma mulher. Só lhe falta despertar para representá-los graficamente. Nossa criança sabe escolher três bombons, sabe quantos dedos tem na mão, mas ainda está no período pré-simbólico e não os representará numericamente. Isso é absolutamente natural.

ATIVIDADES CONCRETAS

Nessa fase, o ensino aprendizagem é trabalhado em atividades concretas e variado com entrelaçamento dos conteúdos da Língua Portuguesa, Matemática, Estudos Sociais e Ciências de forma que possam ser apreendidos ao mesmo tempo, distintamente, dentro da atividade planejada para os diferentes conteúdos.

A dramatização é um exemplo de atividade que pode trazer implícitos conteúdos da Língua Portuguesa, Matemática, Estudos Sociais e Ciências que, se bem explorados pelo professor vai fixar cada conteúdo de maneira diferente, definitiva e prazerosa.

Se a atividade planejada for uma estória, modelagem, um passeio, recortes, pintura, ou qualquer outro, é perfeitamente possível que todos os conteúdos programáticos estejam presentes. Ao professor cabe permeá-los, criando material didático específico para Língua Portuguesa, Matemática, Estudos Sociais e Ciências.

A criatividade é do professor e a escola deve subsidiá-lo.

O professor deve riscar de sua prática a aula expositiva.

A criança é por natureza inquieta. Ela não presta atenção. Ela gosta de ver, pegar e sentir porque o seu mundo é predominantemente sensorial. Então, ao aprender escrever o próprio nome, mais do que saber, ela precisa *sentir* que aquele nome pertence a ela; é dela! Importante interioriza-lo como algo seu e não de quem a chama. Para isso ela tem que se conhecer. *"Eu sou Maria"*. Tocar-se repetindo o próprio *"Eu sou Maria"*.

Ensinar a criança a falar com a sua mão, seu pé, seu corpo: "Você é Maria', desenhar a sua figura desenhar seu nome, olhar no espelho e dizer: " *Eu sou Maria, gosto de você"*.

Ao desenvolver esta atividade, o professor vai explorando outros conteúdos como, matemática, ao conferir o número de dedos das mãos e dos pés. As partes do corpo - cabeça, rosto, braços, pernas - em Ciências, por exemplo. Pedir ao aluno que fale sobre sua família e sua casa, desenvolvendo Estudos Sociais.

LEITURA E ESCRITA

O ensino aprendizagem da leitura e da escrita é gradativo nas quatro primeiras séries do ensino Fundamental.

A alfabetização acontece em todas as séries.

Não se retém uma criança na série porque ela não aprendeu a ler.

Ela vai aprender na série seguinte.

O que não pode acontecer é o professor discriminar a criança porque ela não aprendeu a ler na 1ª série porque ela dispõe de quatro anos para isso.

A criança só pode ficar retida na 4ª série, quando deixa o currículo por atividade para o currículo por disciplina, com diferentes professores. Até então ela só tem uma professora, que pode acompanha-la durante os quatro anos - desde que tenham estabilidade na escola - o que seria o ideal.

GRAMÁTICA

O ensino da gramática deve ser concomitante ao ensino da leitura e escrita, de forma aplicada.

A criança deve aprender a ler e escrever corretamente e automaticamente sem saber que sabe e, prazerosamente, de forma lúdica e agradável.

O professor deve conduzir o processo ensino aprendizagem de forma ativa, concreta e dinâmica.

MATEMÁTICA

O estudo da Matemática nas quatro primeiras séries do Ensino Fundamental se baseia no ensino aprendizagem da aritmética, isto é, as quatro operações fundamentais, seguindo a seguinte gradação: Adição na 1ª série; Subtração na 2ª série; Multiplicação na 3ª. Série e Divisão na 4ª. Série.

Toda criança sabe contar. Ela precisa aprender a representar o seu saber; representá-lo graficamente. Dê a ela três palitos e pergunte: "Quantos palitos você tem?" Ela com certeza responderá: "três". Cabe ao professor concretizar o seu pensamento, escrevendo o símbolo numérico que representa o algarismo três. Ela não esquecerá.

CIÊNCIAS

O estudo de Ciências e Estudos Sociais também são gradativos, buscando-se uma sequência lógica aos conteúdos.

Estudos Sociais:

1ª série – A família, a escola, o bairro, a rua, a cidade em que vive o aluno.

2ª.série – O Município: geografia e história.

3ª série – O Estado: a Capital, história e geografia do Estado em que vive o aluno.

4ª série: O País – história e geografia em Estudos Sociais.

Ciências:

1ª série – Reinos da natureza – seres animados e inanimados, seres vivos.

2ª série – Animais vertebrados e invertebrados; Divisão do corpo humano; Estado físico dos corpos.

3ª série – A água e a sua importância para os seres vivos. A chuva.

4ª série – O corpo humano e suas funções: sistema nervoso, sistema circulatório, sistema digestivo e sistema respiratório.

Mostrar aos alunos que essas funções estão presentes também na vida dos animais, de uma forma diferente também na vida das plantas: através da circulação da seiva a retirada de nutrientes pela raiz e da respiração através das folhas no processo da fotossíntese.

Todas essas atividades devem ser permeadas pela importância do meio ambiente onde tudo e todos estão inseridos.

Quero lembrar que estamos trabalhando com crianças de 1ª a 4ª séries do Ensino Fundamental, isto é, de 7 a 11 anos e, lembrar também que o professor passou por uma escola que o ensinou a ensinar e a criança está começando a aprender para aprender.

Igualmente me reporto ao artigo 18 do Estatuto da Criança e do Adolescente que adverte:

"É dever de todos velar pela dignidade da criança e do adolescente pondo-os a salvo de qualquer tratamento desumano, violento, aterrorizante, vexatório ou constrangedor."

Em qual desses tratamentos se enquadra a reprovação de uma criança?

A minha pretensão ao escrever sobre o ensino aprendizagem de 1ª a 4ª série do Ensino Fundamental é repassar minha experiência de 31 anos de docência, exercidos no Paraná, nos anos de 50, 60, e 70.

Foram anos ricos de aprendizagem junto às crianças paranaenses, que ainda hoje trago gravado no coração a imagem de dezenas delas, que marcaram minha vida.

Hoje, trabalhando as crianças de Rondônia, vejo que todas as crianças são iguais; paranaenses, rondonienses, bolivianas, indígenas, são plenas de sabedoria. Basta amá-las para descobrir o potencial latente oculto em cada uma, esperando somente o solo fértil do amor para desabrocharem.

Deixo, pois, registrada nestas páginas a minha experiência como professora normalista de 1ª a 4ª série doa Ensino Fundamental no Estado do Paraná, de 1948 a 1979.

Benedita Pini.

"Irmãos pequeninos"

Porque tive fome, e destes-me de comer; tive sede, e destes-me de beber; era estrangeiro, e hospedastes-me; Estava nu, e vestistes-me; adoeci, e visitastes-me; estive na prisão, e foste me ver.

Então os justos lhe responderão, dizendo: Senhor, quando te vimos com fome, e te demos de comer? ou com sede, e te demos de beber?

E quando te vimos estrangeiro, e te hospedamos? ou nu, e te vestimos?

E quando te vimos enfermo, ou na prisão, e fomos ver-te?

E, respondendo o Rei, lhes dirá: Em verdade vos digo que quando o fizestes a um destes meus pequeninos irmãos, a mim o fizestes.

Então dirá também aos que estiverem à sua esquerda: Apartai-vos de mim, malditos, para o fogo eterno, preparado para o diabo e seus anjos;

Porque tive fome, e não me destes de comer; tive sede, e não me destes de beber; Sendo estrangeiro, não me recolhestes; estando nu, não me vestistes; e enfermo, e na prisão, não me visitastes.

Então eles também lhe responderão, dizendo: Senhor, quando te vimos com fome, ou com sede, ou estrangeiro, ou nu, ou enfermo, ou na prisão, e não te servimos?

Então lhes responderá, dizendo: Em verdade vos digo que, quando a um destes pequeninos o não fizestes, não o fizestes a mim.[7]

[7] Jesus. Bibilia Sagrada. Mateus 25:35

INTRODUÇÃO

Caminho, verdade e vida.

Missão, visão e propósito.

Eu sou o caminho, a verdade e a vida. Esta a resposta que os discípulos ansiosos ouviram de Jesus quando eles perguntaram qual era o real significado da Sua presença na Terra.

Jesus não estava se referindo a Si mesmo – definindo-se - como parece em análise rápida. Esta é a minha percepção. Não. Ele estava falando de um plano. Um planejamento que certamente elaborou quando assumiu com Deus, a tarefa de reconduzir a nós, as Ovelhas sem luz, de volta à Casa.

Passados os Evos, e há mais de dois milênios da Sua presença corporificada entre nós, quem sabe tenhamos condição de imaginar algo a respeito deste planejamento.

Faremos esse exercício.

Para tanto vamos usar a imaginação na sua ligação com o horizonte ético e moral dos propósitos. Porque este é o lado produtivo da imaginação. Talvez o único. Usá-la a nosso favor e não contra nós como na maior parte do tempo fazemos porque então nos ajudará acessar o limiar do Universo onde transitam as ondas magnéticas que registram o pensamento do Nosso Senhor.

Como Jesus ensinou é o que precisamos entender primeiramente. Ele usou histórias simples que fizessem sentido às almas que o ouvíamos, ainda infantis que éramos, afeitos exclusivamente ao mundo material sem grandes possibilidades de raciocínios abstratos.

As parábolas.

As histórias, Jesus contava ao povo simples e aos doutores da lei, impregnando-as de conteúdos simbólicos e palavras chave. A filosofia e a ciência do futuro ainda iriam construir as portas de acesso ao conhecimento; momento de usar as chaves.

Esse futuro chegou.

O futuro de há dois mil anos, é este momento presente em que o Consolador, o Espírito de Verdade finalmente chega na Terra.

Os ensinos de Jesus sempre foram de aplicação imediata: nas conversas de fila em um Banco esperando a vez de retirar o dinheiro, ou num banco de Universidade nas entrelinhas de arrazoadas teses.

Porque Ele pode ser compreendido por todos. Pelos que se comprazem no mal; pelos que se horrorizam com o mal; pelos indiferentes.

Nenhum *iota* do que Ele tenha dito está desprovido de sentido; nada pode ser desconsiderado.

Então, diz Jesus: *Eu Sou o caminho, a verdade e a vida.* As palavras desta sentença são chaves. Elas abrem para o homem os portais de acesso ao conhecimento de si mesmo e por consequência de tudo o que existe.

Caminho, verdade e vida, representa a linha mestra de um Plano de Trabalho ajustável a necessidades individuais e coletivas.

No contexto da Boa Nova, concluímos que Jesus estava falando de um Plano Estratégico para alcançar a perfeição. O roteiro que Ele, Jesus, deve ter seguido para chegar às esferas de Luz, sem enveredar pela senda do mal. A mim me parece que são três diretrizes cujas ações decorrentes se realizam concomitantemente uma à outra, e que Ele denomina de o **caminho, a verdade e a vida.**

Por isso é razoável concluir que o Mestre esclarecia que nos trazia a pedagogia e o método que usou para Si Mesmo os quais lhe serviram de estratégia. Então podemos substituir **caminho, verdade e vida** por *trabalho, esclarecimento e alegria; realização eficaz à luz da compreensão* que por consequência estabelecerá a ligação com a vontade do Pai, trazendo grande paz interior a cada conquista.

O roteiro que definiu para Si Mesmo, Jesus veio nos ensinar a trilhar em nosso proveito, considerando que somos as Ovelhas que o Pai Lhe confiara para trazer de volta ao rebanho.

A expressão *"**Eu Sou**"*, nesta frase, significa o absoluto estado de identificação com as estratégias definidas. Eu **Sou favorável** a esta forma de condução do próprio progresso porque Eu fiz assim. Façam também.

Ao nos entregar todo o mapa da sua própria projeção, Jesus faz uma relação de **simetria** conosco passando para nós a Sua cartilha e nos ensinando a *ler nela*.

Quando se tem uma relação de estreita identificação com algo, é cabível o *eu sou*. Assim como o torcedor de um time de futebol que vai além do vestir a camisa e passa a *ser o próprio time*[8].

Jesus representa a Verdade de tal forma que em algum momento se confunde com ela; representa assim também o Caminho e a Vida.

A Verdade em si mesma é a expressão do conhecimento de tudo o que existe. Jesus se identifica com isso porque Ele tem a compreensão de todas as coisas.

Jesus diz a Pilatos que veio **dar testemunho da verdade**[9] ou seja, fazer luz na Terra para que a verdade pudesse ser vista por aqueles que tivessem olhos de ver.

Em suas orientações proféticas, Jesus garante que no futuro mandaria outro Consolador que ficaria conosco para sempre e que é o próprio *Espírito da Verdade*.

Então a sentença *Eu Sou o caminho, a verdade e a vida*, são diretrizes cujos termos podem ser substituídos por *Eu Sou o trabalho, esclarecimento e alegria; Eu Sou a realização eficaz à luz da compreensão e a recompensa da paz.*

Todas essas expressões também podem ser substituídas sem perda de sentido para *Eu Sou a missão, a visão e o propósito*.

---

[8] Eu sou Palmeiras, por exemplo.

[9] Bibilia Sagrada. João, 18:37." Disse-lhe, pois Pilatos: Logo tu és rei: Jesus respondeu: Tu dizes que eu sou rei. Eu para isso nasci, e para isso vim ao mundo, a fim de dar testemunho da verdade. Todo aquele que é da verdade ouve a minha voz."

A ***missão*** é a própria resposta para duas perguntas: **o "que** precisa ser feito?" e "**o que** eu posso fazer?".

A ***visão*** é o resultado esperado a partir do estabelecimento de um ponto no espaço que se abre em duas linhas angulares na direção do futuro que já esteja determinado na linha do tempo.

A visão depende da localização; do quanto já é possível à alma ver adiante. A localização é o ponto zero. A partir deste ponto se estabelecem e se renovam as metas que são as tomadas de decisão. As ações decorrentes das escolhas, das decisões, precisam estar fundamentadas pelas análises dos cenários futuros passíveis de ocorrerem de acordo com as informações disponíveis. Estar bem localizado significa já possuir um certo grau de maturidade do senso moral e percepções claras.

O **propósito** que é a própria resposta para a pergunta: "**para quê?"** Para que preciso ver?

Resposta: para realizar.

Para que preciso realizar?

Resposta: para alcançar o objetivo e o sentido do próprio existir: a perfeição, a alegria de viver, a felicidade, **a Vida** enfim.

"Acolher, proteger, educar, transformar e construir."

Acolher: uma forma especial de pegar no colo.

Proteger: Identificação e atenção efetiva das vulnerabilidades

Educar: acessar os conteúdos internos do Ser Integral permitindo que se expandam para o mundo das relações.

Transformar: identificar potenciais e direcioná-los para as conexões necessárias e próprias.

Construir: atingir o estágio de consciência desperta para o momento de transição para o mundo de regeneração, diminuindo os fatores de distração da missão interna e coletiva.

O CAMINHO. A MISSÃO. O QUE PRECISA SER FEITO.

> *(...) Arme-se a vossa falange de decisão e coragem! Mãos à obra! O arado está pronto; a terra espera; arai!*[10]

Jesus de Nazaré e Pôncio Pilatos estavam frente um ao outro. A Vida determinou a Pilatos que realizasse a sua vocação naquele momento, que cumprisse a sua missão, que fizesse aquilo para o qual estava preparado.

Porque a vocação é estar preparado para realizar algo. Não necessariamente algo que se queira ou goste de fazer; mas algo para o qual se esteja capacitado, habilitado previamente.

Nessa perspectiva de o que seja a vocação, a Vida vai cobrar pela capacitação e determinar ao homem que faça algo em algum momento. O que ela – a Vida - pedir será obrigação personalíssima e não poderá ser delegada. Se o convocado não fizer, ninguém o fará.

---

[10] O Evangelho Segundo o Espiritismo, Cap. XX, 4.

A tarefa conferida por Deus para ser executada na existência corporal terá complexidade proporcional ao conhecimento adquirido.

Todos os Seres foram criados por Deus simples e ignorantes para realizarem a evolução a partir das experiências nesta Escola que o Universo representa.[11]

A missão que o homem tem para executar, a fim de evoluir, é composta por duas frentes de trabalho: a primeira auxiliando o progresso da Terra e a outra, que decorre da primeira, realizando o próprio progresso a partir das experiências que faz no trabalho pela coletividade. Por isso que a missão que o homem tenha vindo desenvolver na Terra deve ser cumprida exclusivamente por ele mesmo para que se beneficie das experiências dela resultantes.

Neste caminho, se o homem prefere fazer encaminhamentos para outrem das tarefas que lhe chegam e das quais poderia se desincumbir por estar capacitado, ele estará com isso dizendo *que não vai fazer a Vontade do o Pai.*

A recusa ao chamado da Vida gera embaraços e teias nas quais ficaremos enleados tornando as eternidades mais longas para nós. Os Espíritos Nobres dizem isso: as eternidades são mais longas para aqueles que optam pela fuga de si mesmos.

Deixar de realizar o bem, em podendo, gera o mal. Porque o **mal é o bem que não foi feito.**

Voltando a Pilatos:

Ele fora convocado para solucionar a problemática mais importante da sua existência; para isso ele nascera.

---

[11]O Livro dos Espíritos. Allan Kardec. Editora FEB. Questões 115 e 132.

Era o seu dever dar àquela situação um desfecho adequado. Ele detinha poderes e condições de fazer o que precisava ser feito.

Aliás, ele estava advertido de *o quê precisava ser feito.* Sua esposa Cláudia na noite anterior tivera um sonho e o informou que naquele dia ele julgaria um inocente.

Apesar de tudo, Pilatos, optou voluntariamente por dizer **não** e empreendeu uma fuga psicológica estabelecendo o desproporcional diálogo filosófico com Jesus ao indagar: *"o que é a verdade?"*

Arrogante, ele partiu da sua própria visão de mundo naquele questionamento sem se dar conta de que estava mal posicionado. A filosofia de Pilatos era humana e precária porque construída sobre raciocínios e experiências intelecto e cognitivas. Era uma plataforma material e rasa que jamais lhe permitiria compreender o Cristo. Faltavam-lhe os sentidos necessários.

Então, aquela questão humanamente formulada, não poderia receber a resposta que emanaria do Divino.

Jesus sabia que ele não entenderia. E por isso não disse nada; silenciou.

Infelizmente, Pilatos se perde nesse contexto e prefere lavar as mãos.

Ensurdecido pelo silêncio do interlocutor ele paralisa as ações que poderia ter realizado e passa a engrossar as fileiras dos indiferentes voluntários; dos que, se acomodando à própria zona de conforto, escolheram fazer reflexões estéreis no lugar de agir.

Pilatos se torna mais um filósofo repleto de palavras vãs mas com as mãos vazias e miserável de obras relevantes. Então ele engrossa essas fileiras. Que lhe importava se um justo iria perecer?

O silêncio de Jesus deu a ele o argumento que desejava para covardemente lavar as mãos. Com isso Pilatos haveria de modificar o próprio futuro e a história da Terra, criando para si mesmo longas eternidades que se arrastariam por existências miseráveis nas quais haveria de colher os frutos amargos da omissão.

Se ao invés de questionar Jesus, houvesse indagado de si mesmo sobre *o que precisaria ser feito naquele momento e o que ele poderia fazer,* teria ampliado o próprio campo de visão para saltar do conhecimento lógico e cognitivo para os portais da intuição que num passe de mágica se abririam para ele lhe conferindo as respostas que precisava.

Quando se agrega aos raciocínios comuns de ensino aprendizagem, os conhecimentos derramados pelas dimensões da intuição, a filosofia deixa de ser vã; deixa de ser apenas humana para associar as respostas divinas.

A intuição hipercapacita o ser para a compreensão do dever no momento em que ele se apresente. O que a Vida nos determina realizar somente pode ser respondido pelos portais da **intuição.**

Assim como o profeta Jonas, no Velho Testamento, em o Novo Testamento Judas é o primeiro arquétipo do Ser que foge da própria missão; Pedro o segundo, e Pôncio Pilatos o terceiro.

Judas e Pedro conviveram com o AMOR e com a VERDADE por três anos seguidos, possuíam a chave e não abriram em si mesmos as portas da intuição.

Pôncio Pilatos, como eles, estava em frente do AMOR e da VERDADE mas não conseguiu girar a chave na porta correta e seguiu refletindo e refletindo: *que é a verdade??*

Provavelmente, ainda naquela noite, Pilatos seria visitado por Si mesmo e começaria para ele o grande conflito que se haveria de estender pelas longas eternidades.

Assim somos nós hoje. Ricos de reflexões e miseráveis de ações.

Adoração e contemplação, sem obras, não tem nenhum significado para a Vida.

A caridade quando muito refletida se transforma em oportunidade perdida na maior parte das vezes.

Nada pode haver de mais devastador para a alma que a oportunidade perdida porque alteramos nosso futuro para sempre.

Passado o momento grave nada mais resta a fazer. No segundo seguinte já não seremos os mesmos, as circunstâncias serão outras, e a eternidade se alongará para nós.

Que é a Verdade Jesus?

...Silêncio...

Jesus na última ceia, feito como mãe amorosa ciente da orfandade próxima dos filhinhos, inicia uma fala repleta de orientações mais definitivas, instruções e consolo.

Mostra o cenário do Planeta nos tempos que viriam e entrega aos discípulos todas as ferramentas com as quais eles poderiam encontrar as respostas para que pudessem realizar o aperfeiçoamento de si mesmos e das gerações que sucederiam.

Então o caminho. Os rumos da humanidade na direção e no sentido do progresso, tanto do ponto de vista individual quanto coletivo.

O *que* cada um de nós veio realizar na Terra na experiência física.

O guia para a compreensão das coisas, da força das coisas, da lei do progresso.

O farol que ilumina o horizonte de nós, os homens, cuja percepção distorcida nos mantém cativos das sombras, da ausência de luz, da ilusão.

O **caminho são as realizações do** amor e da compaixão que fundamentam a pedagogia e a metodologia da educação na Era Nova.

As tarefas definidas em planejamento reencarnatório são exatamente isso: **o caminho.** Em outras palavras, a direção e o sentido da existência corporal.

Assim acontece em todos os reinos da natureza. Nada existe desprovido de propósito na Obra de Deus. Cada átomo ou partícula se submete às mesmas leis de amor e solidariedade, seguindo, na Terra, o rumo traçado por Jesus.

O caminho do homem é trabalhar pelo progresso intelectual e moral de si mesmo e concomitantemente, pelo progresso da Terra.

As almas primárias seguem esta determinação porém as diretrizes para elas são mais gerais.

Os Homens mais esclarecidos marcham sobre planejamentos mais complexos a partir das diretrizes Superiores que levarão em conta o meio ambiente onde se dará a experiência corporal.

O Ser reencarnado, portanto, disporá de espaço e de tempo para desenvolver a sua missão na Terra.

Espaço e tempo são as circunstâncias que podemos sintetizar como sendo o ambiente, as pessoas, a cultura e tantas outras questões que cada caso irá requerer.

Algumas possibilidades podem ficar pendentes, aguardando escolhas que as antecedam. Alguns rumos podem ser mantidos ou alterados.

As ações misericordiosas que são as de conformidade têm o poder de alinhar a percepção do Homem fazendo suave luz nas sombras de suas trajetórias. A compaixão e a misericórdia lhe possibilitam enxergar os entulhos do caminho que entravam a marcha da humanidade conforme o Espírito Emmanuel adverte.

> *"SEM RUIDOS. 'Mas quando vier aquele Espírito de Verdade, ele vos guiará em toda a verdade. Jesus. João, 16:13'.*
>
> *O caminho de toda a Verdade é Jesus Cristo.*
>
> *O Mestre veio ao mundo instalar essa verdade para eu os homens fossem livres e organizou o programa dos cooperadores de seu divino trabalho, para que se preparasse convenientemente o caminho infinito.*
>
> *No fim da estrada, colocou a redenção e deu às criaturas o amor como guia. Conforme sabemos, o guia é um só para todos.*
>
> *E vieram os homens para os serviço divino.*
>
> *Com os cooperadores vinham, porém, os gênios sombrios, que se ombreavam com eles nas cavernas da ignorância.*
>
> *A religião, como expressão universalista do amor, que é o guia, pairou sempre pura, acima das misérias que chegaram ao grande campo; mas, este ficou repleto das absurdidades.*
>
> *O caminho foi quase obstruído.*
>
> *A ambição exigiu impostos dos que desejavam passar, o orgulho reclamou a direção dos movimentos, a vaidade pediu espetáculos, a conveniência requisitou máscaras, a política inferior estabeleceu guerras, a separatividade provocou a hipnose do sectarismo.*
>
> *O caminho ficou atulhado de obstáculos e sombras e o interessado, que é o espírito humano, encontra óbices infinitos para a passagem.*

O quadro representa uma resposta a quantos perguntarem sobre os propósitos do Espiritismo cristão, sendo que o homem já conhece todos os deveres religiosos.

Ele é aquele Espírito de Verdade que vem lutar contra os gênios sombrios que vieram das cavernas da ignorância e invadiram o campo do Cristo.

Mas, guerrear como: Jesus não pediu a morte de ninguém.

Sim, o Espírito de Verdade vem como a luz que combate e vence as sombras, sem ruídos.

Sua missão é transformar, iluminando o caminho, para que os homens vejam o amor, que constitui o guia único para todos, até à redenção." [12]

O tempo da duração da experiência é outra determinante com alguma possibilidade de alteração.

Circunstâncias em aberto que venham se apresentar como favoráveis podem conferir moratória ao Espírito estendendo seu tempo de permanência na Terra.

O contrário também é passível de ocorrer. Os Guias Espirituais do Espírito reencarnado mantém vigilância relativamente ao cumprimento da missão emitindo seus pareceres a respeito.

Nosso caminho poderia ser tranquilo, mas infelizmente temos caminhado longo tempo sobre os espinhos que nós mesmos, descuidados, houvemos semeado. Temos batido à porta da Casa do Pai, rogando misericórdia. Entretanto, como obtê-la – a misericórdia – se não nos tornarmos misericordiosos antes?[13]

Os relacionamentos no caminho do Ser.

Estudos interessantes revelam que o círculo de relacionamento dos seres humanos não excede a mil e quinhentas pessoas durante uma existência longa.

---

[12] Livro SEGUE-ME. Emmanuel. Casa Editora O Clarim. 6ª. Edição. Página 59.

[13] *"Bem aventurados os que são misericordiosos porque obterão misericórdia."* Jesus. Bíbilia Sagrada. Mateus, 5,7.

A capacidade do homem de conviver mais intimamente é ainda menor. O número varia de pessoa para pessoa, mas em todos os casos os relacionamentos estreitos se dão com pequenos grupos.[14]

O ser humano consegue manter um grupo de amizade de aproximadamente cento e cinquenta pessoas [15].

Este número de 150 pessoas é conhecido como *número de Dunbar* porque foi estipulado pelo antropólogo inglês Robin Dunbar[16] na década de 90. Segundo ele este número se mantém estável desde os primórdios da humanidade e não foi nem será alterado pelas redes sociais.

Um dado importante, diz, entre os primatas, a quantidade de amigos é determinada pelo tamanho do cérebro.

Os macacos, por exemplo, possuem uma comunidade restrita a cinquenta integrantes; um número de sucesso ele garante.

Conheceremos não mais de cento e cinquenta pessoas com as quais venhamos a ter alguma afinidade, ou que possamos confiar.

A pessoa que te animará a se levantar na situação de estar sentado em um aeroporto lotado, de madrugada, e ir cumprimentá-la, está entre as 150.

---

[14]https://www.uai.com.br/app/noticia/saude/2014/03/05/noticias-saude,192830/pesquisa-diz-que-as-pessoas-mantem-o-mesmo-numero-de-amigos-ao-longo-d.shtml

[15]https://veja.abril.com.br/ciencia/quantos-amigos-voce-consegue-ter/#:~:text=O%20ser%20humano%20tem%20capacidade,%2C%20em%20m%C3%A9dia%2C%20150%20pessoas.

[16] Robin Ian MacDonald Dunbar. Antropólogo britânico, psicólogo evolucionário e especialista em comportamento de primatas. Compõe o Grupo de Pesquisa em Neurociências Sociais e Evolucionárias do Departamento de Psicologia Experimental da Universidade de Oxford.

Isso é o que garante Robin Dunbar numa entrevista que concedeu à Revista Veja[17]. Este é um número aproximado que pode variar de indivíduo para indivíduo, porém pouco.

Ele esclarece que dessas 150 pessoas, somente 15 podem ser chamadas de melhores amigos e somente 5 estarão na categoria de amigos íntimos, a quem você pede conselhos, consolo e até dinheiro emprestado.

Em verdade, o Mundo em que vivemos nossa realidade pessoal, se parece com o planeta do Pequeno Príncipe[18]

Uma aldeia com não mais de 1500 pessoas, mas isso no curso de toda a vida se for longa.

Nesse tempo manteremos estreito contato com 150 pessoas e confiaremos nossas vidas a no máximo 5 delas.

Basicamente isso.

Em nosso minúsculo asteroide talvez encontremos uma raposa que tenha escuta qualificada, saiba aconselhar, despertar sentimentos insuspeitos, aprofundar o nosso pensamento nos permitindo sonhar com um Mundo Melhor.

Se tivermos algum merecimento, quem sabe encontremos uma Flor para cuidarmos dela. A mais bela rosa. Penso que se encontrarmos a nossa Flor, no momento que olharmos para ela algo em nós mudará para sempre.

Mas isso é outra história.

[17] Endereço de *web* citado nas referências anteriores.

[18] O Pequeno Príncipe. Saint-Exupery. O Planeta é na verdade o asteroide B-612. Na fábula, o Principezinho conta ao narrador sobre sua vida naquele asteroide minúsculo onde ele tem uma flor, três vulcões e gosta de ver vários pores-do-sol no mesmo dia bastando virar a sua cadeira. Ele fala das suas viagens realizadas para outros planetas nos quais conheceu figuras interessantes: um homem de negócios; um geógrafo; um guarda chaves; um acendedor de lampiões. Ele também fala do seu relacionamento com a serpente e a raposa, entre outras pessoas que conheceu.

Fábulas à parte, na decrepitude da existência, nosso círculo de relacionamento, com muita sorte, será o familiar.

Por que será que é assim? Porque tão poucos?

Provavelmente para mantermos foco nas experiências relevantes.

Amigos e pessoas, simpáticas ou não, que ao longo do tempo se relacionam conosco demandam atenção, vigilância e oração.

Influenciamos e somos influenciados diuturnamente pelos habitantes da nossa pequena Aldeia.

Jesus parece ter definido que a evolução do Orbe Terrestre obedeceria a esse roteiro que em si mesmo constitui a aplicação da lei de solidariedade universal.

Amparados uns nos outros evoluímos por fileiras como diz Paulo de Tarso a João Marcos[19].

Ao final da jornada, haveremos de chegar bem, mas se optarmos pela solitude[20] as dificuldades serão maiores. Recomenda o ex Rabino ao adolescente João Marcos que não se afastasse do caminho comum, enveredando por atalhos indesejáveis, ou seja, que não abandonasse os companheiros da jornada.

O **caminho** é traçado sobre projetos de obras que estão para ser realizadas, levando em conta o grupo de sustentação do caminhante, que por sua vez tem a responsabilidade de apoiar reciprocamente. Mas existem fatores que nem de longe podemos imaginar. Nem nossos Guias Espirituais sabem.

19 PAULO E ESTÊVÃO. Orientação de Paulo a João Marcos quando ele se desliga da tarefa da pregação para retornar ao seio da família.

20 *"A linguagem criou a palavra solidão para expressar a dor de estar sozinho. E criou a palavra solitude para expressar a glória de estar sozinho."* (Paul Jhoannes Oskar Tillich – Nasceu 20/08/1886 em Starzeddel, Prússia Ocidental; faleceu em 22/10/1965 em Chicago, Illinóis, EUA. Importante filósofo e teólogo do século XX).

O algoritmo da missão vai considerar as prováveis circunstâncias que advirão dos relacionamentos com as pessoas que passarão pela nossa vida.

Entretanto a todas essas matemáticas vamos ter de associar um elemento extremamente instável; a variável imponderável desta equação e que é a chave do sucesso do empreendimento, ou não: o livre arbítrio.

Existirão sempre alternativas. Mas, isso: alternativas. A consciência é a guardiã do *caminho* a fim de que a alma não enverede por atalhos indesejados.

Após negar seguir o caminho por três vezes, com certeza *um galo cantará.* É a consciência advertindo.

O galo que cantou para Pedro[21], nada mais foi que *voz da consciência,* chamando à ordem.

Além desses aguilhões internos, esforços externos também se movimentam. Amigos, encarnados ou desencarnados, virão em socorro do encarnado pela inspiração ou pela palavra a fim de que não se percam melhores oportunidades.

O afastamento da missão tem como primeira consequência o conflito que se estabelecerá entre o *eu superior* e o *eu existencial.*

Sentimento de ansiedade, ou em outras palavras, um *medo de não sei o quê,* sinaliza afastamento ou desvio da missão. Dizer não às obrigações assumidas no planejamento reencarnatório é o principal gerador das doenças, especialmente as doenças da alma.

A maioria de nós humanos somos almas rebeldes, irreverentes, impetuosos e sempre tendentes ao julgamento.

---

[21] Jesus. Mateus, 26:34.

De tal maneira o mau uso do livre arbítrio pode fazer a alma estacionar, que, em determinado ponto ele pode ser suspenso por tempo indeterminado.

Com facilidade impressionante nos desviamos do caminho em razão dos atavismos. Penso que seja bem provável, que Jesus, por isso tenha vindo pessoalmente ensinar os fundamentos da **alegria e da convivência** que são a base fundamental para o desenvolvimento do amor.

Também suponho que Jesus se dirigisse com maior ênfase aos Espíritos exóticos na Terra que a Sua misericórdia acolheu. [22]M as isso também é outra história.

Jesus ajustou nossos organismos físicos de maneira a que sintamos prazer em realizar valores.

É assim que auxiliando o progresso da Terra, através das criações das vivências e das atitudes valorosas que realizamos, ascendemos na escala dos Espíritos [23]

Realizar **valor criador** significa estabelecer relação de simetria com o Senhor da Vida, colaborando na Obra da implantação do Reino de Deus na Terra. Criar é o primeiro valor que realizamos porque ele é de mais fácil percepção.

Os valores criadores são as obras úteis, porém exteriores a nós mesmos.

---

22 Vide O Evangelho Segundo o Espiritismo. Allan Kardec. Editora FEB. Capítulo III, 13. Há muitas moradas na Casa do Pai.

23 Viktor E. Frankl estabelece três categorias ou níveis de valores que o ser humano pode realizar: valores criadores, valores vivenciais e valores de atitude. Vale a pena ler o que esse notável Ser Humano tem para nós no livro *EM BUSCA DE SENTIDO – Um psicólogo num campo de concentração.*

Os valores criadores se revelarão como resultado da percepção das necessidades do ambiente à nossa volta com objetivo de ser útil, de acolher, de proteger, educar, transformar e construir.

São essas as demandas da Terra em processo de regeneração.

Podemos pensar que as realizações desses valores criadores dependem de melhorias internas anteriores. Essas melhorias refletem na percepção que a alma imortal tem das necessidades à sua volta.

O fato de perceber *o que precisa ser feito* já significa que a pessoa está, sim, capacitada para atender a demanda na esfera de ação que lhe é própria.

Desta forma, se a alma tem ciência de *o que precisa ser feito, podendo fazer, e não fazendo,* ela com isso dá costas para a tarefa, o que resultará em conflito com o *eu essencial ou superior*.

A realização dos **valores criadores** dará ensejo a que o Ser se habilite para o percurso da convivência e das atitudes úteis e transcendentes durante a experiência na vida corporal.

Os *valores vivenciais e os valores de atitude* resultam das meditações habituais e podem ser realizadas durante o desenvolvimento das ações criadoras no mundo de relação.

A **prática da caridade** aparece como fator determinante da saúde e da alegria de viver.

Simultaneamente à realização das tarefas, **no escorrer do suor pelo corpo,** o Ser desenvolve o *prazer de servir*[24] e compreende a importância da convivência e das atitudes nobres decorrentes de todo esse processo.

---

[24] Livro PERANTE JESUS. Emmanuel. Texto: Remuneração Espiritual.

Então, *caminho, significando missão a ser realizada,* é o meio para o exercício da solidariedade e forma de alcançar o progresso individual e coletivo.

Jesus vai além e estabelece que a diretriz do processo ascensional é: *caminho, verdade e vida.* O caminho é a missão, a *verdade e a vida* são os suportes que o Ser recebe para realizá-la. São os meios para o cumprimento da missão. Porque para realizar a missão, é preciso visão e propósito.

O PROFESSOR

Louvemos a arte da educação,
O carinho e alegria do educador;
Ao surgir no ser como um botão,
Regando desabrocha como uma flor.

Com esforço, fé e dedicação,
Fazendo em nós crescer o amor,
Alimentando-nos belezas no coração;
Trabalha com coragem, um sonhador...
Trilhando no caminho a mais bela profissão,
Um anjo, uma luz, ***o Professor***![25]

[25] Poema de Américo André Jr em homenagem aos professores no dia 15/10/2020.

VERDADE. VISÃO. O DOM DA FÉ.

Deus concedeu ao Homem o *dom da fé* para a realização da sua missão na Terra; a melhor ferramenta de que poderia dispor, a mais segura, a mais indispensável.

A fé está fundamentada no processo da razão e constitui potente energia da alma. É ela que confere vigor à vontade, mantém a disciplina e garante as realizações porque é a vidente do futuro possibilitando análise importante dos elementos disponíveis no tempo e no espaço. O resultado da análise dos dados permite que sejam realizadas as conexões entre eles a visualização do resultado com significativo percentual de certeza.

Isto significa que o Homem estará então capacitado pela fé para traçar as metas, definir os espaços e os tempos em que devam ser realizadas as tarefas. É possível afirmar, portanto, que a fé venha é a compreensão da *verdade disponível* no momento. Por isso que a instrução, a cultura e a educação desempenham papel fundamental na estruturação da fé.

Inegável que alguns homens possuem fé inata. Carrearam consigo, do Mundo Espiritual, talentos que lhes permitem acessar a dimensão da intuição sem grande esforço.

São almas hipercapacitadas antes do berço, cujo talento da fé, por misericórdia ou por merecimento se manteve disponível na experiência reencarnatória. Muitas vezes são pessoas simples, sem grande cultura, e que conseguem *ver além.* Mas essas pessoas são raras.

Então continuemos pensando na maioria.

Para a realização do trabalho na vinha do Consolador, O Espírito de Verdade orientou os homens a se amarem e a se instruírem:

> *"Espíritas!, amai-vos, eis o primeiro ensinamento. Instuí-vos, eis o segundo. No Cristianismo encontram-se* ***todas as verdades****; são de origem humana os erros que nele se enraizaram."*[26]

Significa que o entendimento da **verdade** requer alguma *leitura.*

A educação, a instrução e a cultura são condições necessárias para alcançar o afeto e para as realizações eficazes. Melhor **visão do resultado** a ser alcançado possui aquele que estudou o assunto e lhe conhece o estado da arte[27].

A intuição, que é a dimensão de acesso ao conhecimento de forma direta, hipercapacita a mente. Mas para chegar à intuição é necessária fé vigorosa.

O que fazer: **missão; caminho.**

---

[26] O Evangelho Segundo o Espiritismo. Allan Kardec. Cap. VI, item 5.

[27] O estado da arte é o nível mais expressivo do conhecimento acumulado sobre determinado assunto, ou processo, ou mesmo o nível do desenvolvimento alcançado até determinado momento.

Como fazer: **visão; verdade; fé!**

A instrução é definidora porque o conhecimento da verdade alimenta a fé[28]. Permanecer ao lado da ciência em qualquer época torna a fé visionária:

> *"Fé inabalável só o é a que pode encarar frente a frente a razão, em todas as épocas da humanidade.[29]"*

Então a fé liberta o homem, condição sem a qual ele não alcança a sua própria humanidade.

Em suas análises repletas de compreensão, o médico e neurocientista Sérgio Felipe de Oliveira, diz que a fé confere ao homem a capacidade de olhar para a experiência da vida corporal pelo lado certo.

Temos nos condicionado a olhar a encarnação pelo lado do avesso, o lado meramente material.

Devemos isso ao fracasso da religião, especialmente no Mundo Ocidental em que dois mil anos foram despendidos em lutas pelo poder e pela posse do ouro.

A religião ensinou o homem, a comprar tudo, inclusive o Céu. E a humanidade se atrasou na sua relação com a fé e por consequência com o Divino.

Ela deixou de capacitar o homem para a visão da sua integralidade quando se aliou ao poder temporal do mundo e saiu da dimensão que lhe era própria: da intuição.

---

28 A verdade relativa que a nossa razão consiga alcançar pelos processos naturais da cognição.

29 O Evangelho Segundo o Espiritismo. Allan Kardec. Editora FEB. Cap. XIX,7. A frase foi retirada do texto e transcrita também na Folha de Rosto.

O homem não aprendeu raciocinar de forma abstrata e prospectivamente[30] e com isso se acomodou a cuidar dos comezinhos interesses da vida meramente material como se não houvesse amanhã.

Entretanto a tudo isso, quando olhamos a existência do lado correto, todas as circunstâncias passam a ser analisadas como oportunidades de crescimento, superação e realização da missão.

Voltando à mulher com sangramento uterino – hemorragia – , ela se curou porque fez um movimento para estar com Jesus. Ela movimentou em si mesma a força da fé, a força do Divino que jazia latente dentro dela sem conseguir se expressar há doze anos pelo menos.

Fortalecido o dom da fé, o homem adquire insuspeita capacidade de fazer e grande poder. Porque ela confere inclusive poder de cura[31] sobre nossos males; poder de construção e poder de reconstrução.

O coração banhado pela luz da fé jamais esmorece nas lutas porque guarda em seus escaninhos a certeza da vitória.

É importante que pensemos na Terra como um imenso laboratório[32] onde vamos realizar a nossa cura.

É na Terra, nesta Escola, que passaremos pelas experiências que nos farão entender o que é a fé.

---

[30] Compreender o futuro considerando a dinâmica das forças técnicas, científicas, sociais e econômicas, bem como as interações entre fatores sociais envolvidos. A totalidade de variáveis que agem sobre o desempenho de sistemas sociais ao longo do tempo. A religião transita neste universo. O olhar para a vida futura. O Reino dos Céus que não é deste mundo.

[31] A mulher que sangrava há 12 anos e que é curada após tocar as vestes de Jesus. Marcos. 5, 25-34

[32] Labor + oratório. Trabalhar e orar. Estou traduzindo reflexões do Neurocientista Sérgio Felipe de Oliveira.

No mundo físico podemos estabelecer um espaço e um tempo, para encontrarmos o nosso lugar, para nos localizarmos.

As coisas que nós fazemos refletem o que verdadeiramente somos e é por isso que as obras nos definem. E realizar obras, entender a missão é tarefa que precisa da fé, ou seja, fidelidade aos caminhos da nossa predestinação.

Ser perceptivo, sensível, enxergar o lado certo é resultado de fé assentada na razão que entre outras excelentes consequências haverá de nos curar. Porque a energia que dói, que causa aflição e conflitos é uma força que está circulando no lugar errado.

Por isso *verdade* e *fé* poderiam ser sinônimas uma vez que constituem a luz e a força do conhecimento sobre nossas resoluções e nossas atitudes.

Os líderes da humanidade encontraram na fé o guia para avançar até onde ninguém ousara chegar antes.

As pessoas capacitadas pela Vida criam em torno de si um campo magnético de atração de forças semelhantes com poder infinito de expansão do raio de influência e de ação. Esse magnetismo impulsiona de forma irresistível as almas que aprenderam amar e servir:

> *"Assim como a Natureza encontra, na distribuição harmoniosa das próprias energias, o caminho justo para o próprio equilíbrio, sustentando-se em movimento contínuo, o Espírito identifica, no trabalho ordenado com segurança, a trilha indispensável para o seu clima ideal de euforia.*

Quando mais enobrecida a consciência, mais se lhe configurará a riqueza de imaginação e poder mental, surgindo, portanto mais complexo cabedal de suas cargas magnéticas ou correntes mentais, a vibrarem em redor de si mesmo e a exigirem mais ampla quota de atividade construtiva no serviço em que se lhe plasmem vocação e aptidão.

Seja no esforço intelectual em elevado labor, na criação artística, nas obras de benemerência ou de educação, seja nas dedicações domésticas, nas tarefas sociais, nas profissões diversas, nas administrações públicas ou particulares, nos empreendimentos do comércio ou da indústria, no amanho da terra, no trato com os animais, nos desportos e em todos os departamentos de ação, o Espírito é chamado a servir bem, isto é, ***a servir no benefício de todos,*** *sob pena de conturbar a circulação das próprias energias mentais, agravando os estados de tensão."*[33]

As obras do bem é que dão visibilidade ao cristão. As obras que são realizadas a benefício de todos, por mais singelas que sejam. Aí está a nossa tarefa na área da religião.

A religião com Jesus será sempre uma inesgotável fonte de experiências frutuosas.

"Uma árvore boa não pode dar maus frutos, nem uma árvore má pode dar frutos bons". "Toda árvore que não dá bons frutos é cortada e lançada ao fogo".[34]

[33] Mecanismos da Mediunidade. Espírito André Luiz. Médium Francisco Cândido Xavier. Capítulo 15. Correntes mentais construtivas. Editora FEB. 26ª. Edição. 3/2008.

[34] O Evangelho Segundo o Espiritismo. Allan Kardec. Editora FEB. Capitulo XVIII, 16. Essas palavras são de Jesus e compõem as instruções do Espírito Simeão.

Este fogo significa que toda a energia acumulada por não ter sido corretamente utilizada, se transforma em doença. Se a pessoa está doente, se está sentindo dor, se está se desentendendo no grupo do qual faz parte, significa que sobrou energia para adoecer e para brigar.

Também dói como fogo na pele, a sensação que o Espírito sente quando percebe que perdeu tempo.

Então a fé. Ela nos sustentará nos momentos graves, nas lutas silenciosas dentro da família, por exemplo.

Vamos lembrar que é preciso grande fé para viver em família e não se deixar dominar pelos condicionamentos que trazemos das relações conflituosas do passado.

A advertência do Espírito Emmanuel sobre a vida em família como experiência importante para o desligamento das relações conflituosas e a desvinculação dos enganos do passado, fundamenta a importância da fé nas lutas das rotinas estressantes.

> *"(...)Referimo-nos, porém, ao lar como pouso de desligamento, porque, na Terra, as relações entre pais e filhos e, consequentemente, as relações de ordem familiar constituem clima ideal para a libertação de quantos se jungiram entre si, nos desregramentos emotivos em nome do amor"* (...).[35]

A missão junto à família precisa da luz da verdade para que as desvinculações não aconteçam antes da cura real, com as defecções dos compromissos que testemunhamos todos os dias.

---

35 Vida e Sexo. Espírito Emmanuel. Médium Francisco Cândido Xavier. Editora FEB. Capítulo 15.

A fé é também a mãe da esperança e da caridade. Ela possibilita que os desafios sejam localizados na linha do infinito e da eternidade. Neste ponto de visão, é perfeitamente possível construir campo para a esperança se realizar. E a caridade. Nenhuma ação que vise realizar o bem fará algum sentido se o homem não conseguir se localizar como um ser eterno, habitante do espaço infinito.

A visão que a fé – a verdade – proporciona, é componente da diretriz de Jesus para realização do progresso.

"Tornada adulta, a Humanidade tem novas necessidades, aspirações mais vastas e mais elevadas; compreende o vazio com que foi embalada, a insuficiência de suas instituições para lhe dar felicidade; já não encontra, no estado das coisas, as satisfações legítimas a que se sente com direito. Despoja-se, em consequência, das faixas infantis e se lança, impelida por irresistível força, para as margens desconhecidas, em busca de novos horizontes menos limitados."[36]

[36] A Gênese. Allan Kardec. São chegados os Tempos. Sinais dos Tempos. 14. Editora FEB. 52ª Edição. 2006. Página 468.

“(...)A partir da imagem geral de Delbrück acerca da substância hereditária, temos que a matéria viva, embora não escape às “leis da física” tal como hoje se encontram estabelecidas, parece envolver “outras leis da física” até aqui desconhecidas, as quais, no entanto, uma vez reveladas, virão a formar parte integral dessa ciência, assim como as anteriores o formam.”[37]

[37] O Que é Vida? O aspecto físico da célula viva. Seguido de Mente e Matéria e Fragmentos Autobiográficos. Erwin Schrödinger. Editora UNESP e CAMBRIGE UNIVESITY PRESS. Tradução brasileira 1977. Página 80.

VIDA. PROPÓSITO. O ENCONTRO DA FELICIDADE.

"Eu vim para que tenham vida e a tenham em abundância."[38]

Afinal o que é vida? A ciência, a filosofia e a religião, em todos os tempos da humanidade tem levantado essa questão, sem resposta suficiente.

Seguimos nós procurando entender a vida para descobrir qual o sentido dela. A razão pela qual existimos.

A matéria viva subverte o sistema caótico do universo que conhecemos. Estranhamente, para nós, tudo o que vive, o faz *gastando* uma energia que se sobrepõe à segunda lei da termodinâmica, anulando-a, e construindo elementos que, enquanto vivos não decairão.

A ciência, pela expressão de um de seus representantes, que também é um filósofo, Erwin Schrödinger[39], questiona:

---

[38] Bíbilia Sagrada. Jesus. João 10.10.

[39] Erwin Rudolf Josef Alexander Schorödinger. 1887-1961. Físico teórico austríaco. Contribuiu à mecância quântica. Recebeu o prêmio Nobel de Física em 1933.

"Qual a característica particular da vida? Quando se pode dizer que uma porção de matéria está viva? Quando ela "faz alguma coisa", como mover-se, trocar material com meio, etc., e isso por um período mais longo do que esperaríamos que uma porção de matéria inanimada o fizesse nas mesmas circunstâncias.

Quando um sistema não-vivo é isolado ou colocado em um ambiente uniforme, usualmente todo o movimento cessa depressa, como resultado de vários tipos de fricção; diferenças de potencial químico ou elétrico não equalizadas, substâncias que tendem a formar compostos químicos o fazem e a temperatura se torna uniforma por condução térmica.

Depois disso, todo o sistema míngua para um bloco inerte e morto de matéria. É atingido um estado permanente, no qual não ocorre nenhum evento observável. O físico dá a esse estado o nome de equilíbrio termodinâmico ou estado de "entropia máxima". (...)

Ela se alimenta de "entropia negativa". *É por evitar o rápido decaimento no estado inerte de "equilíbrio" que um organismo parece tão enigmático.*

Assim é que, desde os mais remotos tempos do pensamento humano, afirma-se que uma força especial não-física ou sobrenatural (vis viva, *enteléquia) opera no organismo, e, em alguns recantos ainda se afirma isso. (...)*

Propôs o experimento mental conhecido como o *Gato de Schrödinger* . Sobre sua visão religiosa ele era ateu.

> *Como poderíamos expressar em termos da teoria estatística a maravilhosa faculdade do organismo vivo, pela qual ele atrasa o decaimento no equilíbrio termodinâmico (morte)? Dissemo-lo antes; "Ele se alimenta de entropia negativa", como se atraísse um fluxo de entropia negativa para si mesmo, a fim de manter-se em um nível de entropia estacionário e bem baixo."(...)*[40]

O que é vida afinal? Tenho uma hipótese, não para o que seja vida, mas para o que seja o seu alimento: *o fluido vital seria o fornecedor da entropia negativa.* Mas o que é vida afinal?

Jesus supera os questionamentos da filosofia e da ciência, que ainda não haviam sido feitos para dizer que estávamos, todos nós, mortos. Sim mortos. Porque Ele vinha para que passássemos a ter vida. Significando isso que, para além da ciência e da filosofia, existe um conceito de Vida que está fundamentado na *experiência do viver,* como um subproduto das realizações que o ser vivo execute na Obra da Criação.

O viver, mais do que o que é vida, foi o aspecto para o qual Jesus veio nos chamar à atenção, nos despertar.

Então Jesus fala dessa experiência. E a vive conosco de forma pública e ativa durante três anos registrados em livros.

Jesus não escreve nada. Apenas vive. O magnetismo da Sua presença era inexplicável porque gerava isso: *vida.* Estar com Ele, significava alegria, serenidade e paz.

E Ele nos vem trazer isso. *A experiência do viver*. Porque Jesus deixa bem claro que Ele vinha *cumprir a lei.* E Ele *cumpre a lei, realiza a lei,* convivendo com tudo e com todos.

---

40 O Que é Vida? O aspecto físico da célula viva. Seguido de Mente e Matéria e Fragmentos Autobiográficos. Erwin Schrödinger. Editora UNESP e CAMBRIGE UNIVESITY PRESS. Tradução brasileira 1977. Páginas 81, 82,84.

Referindo-se à Vida em abundância, Jesus convoca à descoberta do **sentido** das próprias ações. Atitudes de valor, em consonância com a missão porque elas, as ações valorosas geram no Ser alegria, serenidade, satisfação interna, paz: Vida.

A felicidade, o sabor da vitória, é o subproduto do dever retamente cumprido. Ao cumprir fielmente a sua tarefa, O Ser aprofunda o pensamento e encontra em si mesmo o propósito que a Vida guardava para ele na atividade desenvolvida. Isso o fará sentir-se vivo porque desfrutará com o Pai os resultados da própria realização.

Na segunda epístola a Timóteo, Paulo fala sobre os resultados do trabalho: *"O lavrador que trabalha deve ser o primeiro a gozar dos frutos"*[41]

Vida é sabor, graça, amor, alegria, paz e segurança. Isso é vida.

Por isso Jesus trouxe **vida em abundância**[42] quando aproxima o homem da compreensão do mundo espiritual dizendo que ele seria livre pelo conhecimento da verdade[43].

Em outras palavras, o homem vive verdadeiramente quando cumpre a própria missão. Distanciado do seu dever, ele é morto porque suas realizações, sejam elas quais forem, não resultarão em alegria. Ele poderá usar a energia vital para se tornar rico e influente, mas este não era o caminho de sua predestinação, terá construído um aguilhão sem tréguas na consciência advertindo-o que fugiu de si mesmo. Dores acerbas o encontrarão na forma de tristeza, melancolia, angústia e depressão.

---

[41] Bíblia Sagrada. 2ª Epístola de Paulo a Timóteo, 2, 6

[42] João, 10-10

[43] Conhecereis a Verdade e a Verdade vos libertará. Bibilia Sagrada. João 8,32.

O homem vitimado pelo afastamento da missão não sente o sabor da vida. Ele morre para as belezas da existência não conseguindo percebê-las e por consequência usufruí-las.

Os relacionamentos desse homem afastado de si mesmo tendem à superficialidade e a pouca significação porque a dor que o acomete absorve toda a sua atenção.

Os homens rebeldes, digamos assim, são aqueles que podem apegar-se em demasiado tornando a experiência quase insuportável para o "outro", ou ao contrário, se tornarem vilões dos sentimentos alheios.

As pessoas animadas pela rebeldia, podem se situar no patamar das frivolidades em busca de sensações que supostamente as auxiliariam esquecer as dores que as acometem. Podem imergir na prática de esportes radicais ou no cilício do próprio corpo se submetendo a procedimentos estéticos incontáveis. Elas buscam fora a harmonia que não encontram dentro de si.

Essas almas profundamente sofredoras fugiram das questões reais do espírito por medo e tudo farão para não ouvir a *voz da consciência* que jaz latente convocando ao trabalho.

Então, ignorar a **missão** traz essa consequência: distanciar-se cada vez mais da graça da paz e a alegria de viver.

A Vida abundante[44] é a recompensa que o método de Jesus prevê para aqueles que cumprem seus deveres e que não são necessariamente de grandes proporções.

Lavar a louça que está suja sobre a pia, respondendo à pergunta: *o que precisa ser feito e que eu posso fazer?*

---

[44] O sabor de viver, a serenidade, a alegria e a paz.

Há louça suja na pia da cozinha e eu posso lavar. Então é isso. Lavar a louça pode ser cumprir a missão naquele momento.

Mas, o Ser pode não fazer a pergunta... Ou não ouvir a resposta.

Cumprindo a tarefa que lhe cabe naquele momento, certamente sentirá um grande prazer ao final do trabalho. *Lavar uma louça que precisa ser lavada,* é capaz de produzir resultados inimagináveis. Ter direito à **Vida, e Vida em abundância** significa haver cumprido a missão.

Por isso que a expressão de Jesus a diretriz de segurança para alcançar o progresso pessoal e o progresso da Terra, está composta por três dimensões que se sustentam umas às outras: **caminho, verdade e vida.**

Missão, visão, propósito.

Amar, ver o futuro na linha do infinito e da eternidade, ser feliz por amar. Um círculo virtuoso.

A INFLUÊNCIA DO BEM

Francisco de Assis e os Filhos do Calvário

Francisco de Assis, em si mesmo, estrutura o modelo para realizações de proteção aos vulneráveis.

Aos que desejamos aprender a servir, a mensagem viva dessa Alma quando personificou na Terra o arquétipo de *"O pobre de Deus"*[45] é um farol iluminando as nossas estradas ainda obstruídas pelos preconceitos do mundo.

Passados dois mil anos da presença de Jesus entre nós e continuamos os mesmos cristãos que houvemos fracassado nos empreendimentos confiados na Vinha do Senhor.

Nós somos esses e é preciso aceitar.

Francisco exemplifica aos trabalhadores desatentos que o entusiasmo e a disposição por si só são insuficientes.

---

[45] O Jovem Cantor de Assis; o Poverello.

É necessário que o trabalhador tenha desenvolvido certo grau de maturidade do senso moral para a eficácia da realização. O caminho da pobreza, da obediência e da resignação trilhado por Francisco evidencia isso.

Esta é uma mensagem transcendente e que não pode ser interpretada literalmente.

O voto de ***pobreza*** significa despojamento, desapego, ausência do desejo pelo supérfluo.

Vai além.

É o despir-se dos papéis sociais, tornar-se inteiramente nu, sem rótulo, sem nome, para oferecer-se a si mesmo e estabelecer uma relação de simetria com o outro.

A ***obediência*** consiste na presença da razão que analisa as circunstâncias, realiza as conexões necessárias e se submete ao chamado da Vida.

É ela, a obediência, o segundo nome da fé porque, embora pareça contraditório, é a melhor provedora da esperança e da caridade.

Obedecer a serviço do Sagrado é permanecer racionalmente ativo para mudar o que seja possível, sem medo e sem pressa, porém com urgência. É entender a ordem no caos e integrar, para mudar, o sistema invisível e quase sempre ignorado das vulnerabilidades.

E a ***castidade***! Longe de se tratar do uso da sexualidade física, a castidade está relacionada com o respeito nas relações sejam elas quais forem. Respeitar irrestritamente as crenças do *outro.* A castidade, por isso mesmo, é a pureza do sentimento daquele que deseja se doar integralmente.

A castidade é o desejo sincero de fazer parte da vida do *outro,* caminhar com ele, sem nenhum interesse – nenhuma condição interposta. A castidade se torna, junto com Francisco de Assis, para sempre, a própria estratégia de conviver sem nenhuma preocupação em converter ninguém.

Com sua forma de viver, Francisco faz a sua própria leitura da atitude do Senhor Jesus na cerimônia do "lava pés", abrindo para todos nós um portal a fim de reverenciarmos a mais bela cena do Evangelho.

Jesus se despe, abre mão da condição imensuravelmente superior e ajoelha diante dos servos lhes lavando os pés.

Os pés de Judas também, que adiante o trairia.

Para Simão Pedro hesitante, Jesus afirma que assim é necessário para que estejam um no outro e de certa forma se tornem um só.

Jesus não lava a cabeça dos seus discípulos; nem mesmo a de Judas que não estaria pura. Poderia tê-lo feito eis que conhecia o estado de fraqueza do companheiro. Mas não. Numa atitude de Divina aceitação do estágio do "outro", lhe lava os pés e permite sem lhe lavar a cabeça, que Judas decida livremente seu caminho.

Antes da consumação dos fatos, Jesus estabeleceu com Judas uma relação de perpetuidade que no momento oportuno poderia ser o único elo que o Discípulo teria com a realidade do Amor.

Jesus deixou claro ao companheiro equivocado que estavam um no outro apesar das circunstâncias desfavoráveis do momento.

E esta é a proposta que Francisco de Assis vive todos os dias da sua vida.

Convivência, aceitação, serviço, diálogo.

Lembro aqui as palavras do companheiro de ideal espírita, Edvaldo Roberto de Oliveira, no momento que ele analisava os interesses que movem a nossa sociedade ainda tão carente dos valores da fraternidade.

A opção de Francisco de Assis pela pobreza, não era, em si, a finalidade essencial, e sim o despojamento de tudo que atrapalhe as relações entre as pessoas. Os interesses, os "esses" dos papéis sociais impregnados de simbologia e de poder, com seus mitos de exclusão, com seus ritos de domínio que se colocam entre os homens separando-os em nações, classes, gêneros, religiões. Os "entre nós esses" – os interesses – construídos ao longo da história.

A proposta de Francisco de Assis, ao se tornar pobre, é fazer da dádiva / serviço a única mediação nas relações entre os homens.

Para servir ao outro é preciso ser pobre de espírito como ensinou Jesus.

No estado de pobreza se pode conviver, viver com.

E a convivência é a estratégia por excelência de Francisco de Assis, seja com leprosos, com ladrões ou com os infiéis.

Amar e servir, e para isso conviver. Estabelecer espaços na própria experiência de vida para receber a presença do irmão e realizar a fraternidade.

É convivendo que Francisco de Assis pode revelar-se ao outro, acompanhá-lo em sua trajetória, escutá-lo para, em seguida, poder cuidar.

O cuidado que é permitido.

E é esse cuidado consentido e até esperado, que possibilitará ao outro uma trégua, um "espaço / tempo" para descobrir-se filho de Deus, herdeiro de Deus.

A religião e a fé

Para cumprir o seu papel verdadeiro, a religião deve estabelecer os raciocínios em uma dimensão transcendente, fora do cognoscível e ter por objetivo religar a criatura com o seu Criador. Convocar o Ser a retornar à Casa do Pai e se aconchegar no regaço do Amor Incondicional a fim de que ele consiga se localizar como cidadão do universo, único, indestrutível.

A religião que configure todos os diálogos levando em consideração o espaço infinito, onde nada se perde, e o tempo da eternidade, onde tudo se resolve, se torna uma influência do bem, porque neste contexto, as dificuldades são circunstâncias cujas soluções sempre estarão disponíveis.

Olhada da perspectiva da eternidade, a experiência existencial com todas as suas demandas, é facilmente encarada como excelente meio de progresso. O usuário desta religião é um homem que encontrou a esperança.

A religião, assim considerada, capacita o homem na disciplina e na perseverança para que ele venha compreender o sentido da própria vida. Sabendo de onde veio o que está fazendo aqui e para onde vai, a alternativa do homem é se tornar um agente da paz porque encontrou a sua filiação Divina.

Então esta deve ser a influência da religião na vida do homem: liga-lo a Deus transformando-o em um pacificador.

É exatamente isso que Jesus esclarece[46], como sendo a pacificação a virtude que liga o homem a Deus.

Pacificar: a principal missão do Ser Humano na Terra. E quando o homem passa a ser reconhecido como **pacificador,** ele se tornou uma imagem estruturante da paz a influenciar e conduzir os seus irmãos.

É no protagonismo pela paz que a filiação com Deus se restabelece definitivamente.

A partir deste momento, a força psíquica da fé muda a alquimia daquela alma que passa a entender a Criação e a iniciar o processo de compreensão das leis que regem o universo.

O pacificador é este homem que encontrou a fé e dela possui todo o poder. Ele tem a chave de acesso à meditação sobre os reais valores da vida e nele já não vigora mais nenhum interesse pessoal. É um homem transportado para fora de si mesmo.

"A tua fé te curou!" Assim esclarecia Jesus que em si mesmo era a própria religião. Foi a frase que a mulher que sangrava havia doze anos, [47] e os apóstolos inseguros diante do jovem lunático[48] ouviram em estado de profunda reflexão.

A religião que cumpre o seu papel provendo a fé, coloca o homem no rumo da verdade, base do progresso. *"Conhecereis a verdade e a verdade vos libertará"* [49]

É neste universo que deve transitar a religião.

---

[46] " Bem aventurados os pacificadores porque eles serão chamados filhos de Deus". Jesus – Bíblia sagrada. Mateus. Cap. 5. 9

[47] ___ Mateus. Cap. 9, vers. 22.

[48] ___ Mateus. Cap. 17,vers. 14-21.*"Se tivésseis a fé do tamanho de um grão de mostarda, diríeis a esta montanha: transporta-te daí para ali e ela se transportaria, e nada vos seria impossível (...) Mas esta casta de demônios não se expulsa senão pela oração e pelo jejum"*

[49] ___ João. Cap. 8, vers. 32

Nesta perspectiva, a influência da religião e da fé na ação comunitária é definidora e todos os cientistas honestos da atualidade já chegaram a esta conclusão porque o homem com esta capacitação encontrou o endereço de si mesmo.

As pessoas que procuram atendimento na rede socioassistencial, na condição de usuários, na sua maioria trazem consigo as marcas da miséria material, moral, social e espiritual.

São eles os Filhos do Calvário; nossos irmãos em rudes provas que nós ainda não teríamos condições de estar submetidos.

Eles falam das coisas que não têm porque não enxergam a sua carência mais essencial: a do Ser.

Esse usuário com direito ao acolhimento e ao nosso melhor serviço não se reconhece cidadão no território da comunidade que integra. Por consequência ele não se vê como cidadão do Universo, filho de Deus, herdeiro natural de toda a Criação.

A verdadeira religião vai conferir ao usuário do serviço socioassistencial este acesso à dimensão do incognoscível, onde se fundamentam a intuição e o Divino.

Nosso usuário encontrará na religião o campo da intuição e rapidamente adquire consciência de que não possuir coisas é uma realidade transitória passível de ser modificada a partir de uma nova tomada de posição.

Quando o usuário do serviço socioassistencial se descobre integrado a tudo e a todos, encontra o sentido da vida, o sabor de viver, e naturalmente se autopromove tornando-se agente de mudança no meio onde se encontre.

Essa é a influência da religião e da fé na ação comunitária.

" O senso do sagrado coloca um freio nessa atitude instrumental. Diante de um lugar ou artefato sagrado, recuamos numa postura de respeito. Essa parte do mundo, creio, é inviolável. Eu poderia danificá-la, e talvez eu não seja punido se fizer isso. Mas ela fala a mim, e diz que devo conter minha mão. Assim como o sujeito aparece no rosto humano e coloca diante do assassino e do abusador o "não" absoluto, também um "eu" observador, perscrutador, interrogador aparece no lugar sagrado e nos ordena que o respeitemos."[50]

[50] O Rosto de Deus. Roger Scruton. Tradução de Pedro Sette-Câmara. É Realizações Editora. 1ª. Edição. São Paulo. 2015. Página 169.

UNIVERSALIDADE DO CONHECIMENTO

Jean Jacques Rousseau: o poeta da compaixão

Jean Jacques Rousseau[51], o Poeta do Século XVIII, idealizou incluir a **compaixão** como uma categoria política[52] no processo educacional voltado para as comunidades e para o indivíduo.

Rousseau é este pensador que percebe o sentimento da compaixão como sendo um atributo de todo o ser sensível mas que está em dormência, em estado quiescente[53].

Uma semente Divina em processo de germinação.

---

[51] Biografia nas Considerações.

[52] Política é a ciência e a arte de governar. Incluir a compaixão como categoria política significa incluí-la no processo de Governo de uma nação. Mas não é só isso. Rousseau estende esta categoria política para o indivíduo, colocando a compaixão como instrumento de Governo de si mesmo, de autoiluminação, de transcendência.

[53] Aquilo que está sossegado; tranquilo; em repouso.

A compaixão, segundo ele, é um *dom de Deus* para todos os homens. Rousseau enfatiza que a compaixão é um *dom* que Deus conferiu a todos os seres da Criação para que a Sua Obra se perpetuasse.

Incluída a compaixão no processo de ensino e aprendizagem como uma categoria política, a compreensão de mundo e a compreensão de si mesmo mudarão para melhor.

A compaixão em estado de dormência.

Este sentimento está em estado de dormência em todos os seres sensíveis e para germinar precisa de estímulos. O homem quando no estado de natureza, será estimulado pelo meio ambiente.

O homem civilizado, entretanto, perdeu a conexão com a sua origem e vai necessitar de vivências significativas logo cedo na existência. Nos primeiros meses de vida.

É justamente nesse tocante que Rousseau tem sido incompreendido, mas tratamos disso mais à frente.

Então é isso. Voltamos ao sentimento que leva o homem a desejar viver e a desejar que o seu igual também viva. A compaixão. Filha predileta da piedade, fundamenta as realizações do bem para todos, provendo os ideais de liberdade, igualdade e fraternidade.

Podemos dizer que a compaixão é um espelho refletindo a luz que emana da consciência daquele que despertou para a Vida.

A pedagogia da compaixão está em harmonia com a Era Nova, onde reina a Lei de justiça, amor e caridade.

Deus, consciência, fraternidade, transcendência, aristocracia intelecto moral, caridade, valores imperecíveis que compõem a argamassa da modelagem do artista que forma os homens do futuro.

Porque educar é isso: *a arte de formar os homens.*[54]

Importante refletir que todos esses valores civilizatórios já estavam disponíveis para o homem desde há mais de vinte séculos e quase nenhuma realização eficaz ocorreu justamente por falta de base.

Quando o sentimento da compaixão vier finalmente sustentar os empreendimentos, as ações misericordiosas se tornarão rotinas na Terra e o Mundo Regenerado terá se estabelecido.

O Reinado do Bem, terá finalmente iniciado o protagonismo do governo da Terra quando a misericórdia e a compaixão se tornarem as experiências de maior honra para os homens.

Porque o amor experenciado é a chave de acesso ao conhecimento.

Então haverá universalidade do conhecimento porque essas duas experiências de virtude – compaixão e misericórdia - abrem as portas da intuição que é a dimensão do entendimento e da compreensão.

A intuição está na dimensão do amor.

Então Rousseau adverte para o fato de que a preservação da espécie humana e dos seres da criação aos humanos submetidos depende da compaixão justamente porque ela compõe a natureza do homem com este objetivo: moderar a violência.

---

54 Jean Jacques Rousseau. Emílio. Prefácio.

"A compaixão é um sentimento natural que, ao moderar a violência do amor pelo próprio ego em cada indivíduo, contribui para a preservação de toda a espécie. É ela que nos impele a consolar imediatamente aqueles que estão sofrendo sem que tenhamos pensado sobre isso antes."[55]

A compaixão é o sentimento que nos impele a sair do estado de natureza bruta, desenvolver o sentido da ética – a consciência – e perceber a nossa integração uns com os outros, e com toda a obra da Criação.

Ela possibilita que Deus seja percebido nos escaninhos da alma gerando **piedade,** essa virtude indelével que impregna os atos humanos para as realizações da **misericórdia.**
O sentido da ética - a consciência – ouve *a voz do coração que fala sobre a missão, o que precisa ser feito* no enfrentamento das situações de miséria do *outro.*
A consciência, e somente ela, abre a percepção do Ser para a simetria que deve permear a relação para ser possível o estabelecimento de *um acordo com aquele que não tem nada para oferecer.*
Porque a misericórdia é a voz do coração que manda doar tudo o que te sobre para o Ser em estado de miséria material, moral ou espiritual.

Misericórdia é a deliberação de entregar um bem ou um serviço a quem não poderá pagar pelo benefício.

É o doar de si mesmo na situação de escassez do outro.

A realização da misericórdia influencia para melhor o meio onde ela acontece. É a **influência do Bem refletido pelas ações dos Homens de Bem.**

---

55 Fonte: https://citacoes.in/citacoes/102443-jean-jacques-rousseau-a-compaixao-e-um-sentimento-natural-que-ao-modera/

O beneficiado pela misericórdia e as pessoas que a testemunham naturalmente assimilam uma energia que em algum momento auxilia na mudança da alquimia da própria alma.

A energia da compaixão e da misericórdia emanada e assimilada vai criando nas pessoas e nos ambientes vigorosos vórtices magnéticos libertadores da lei do acidente.

Jesus é o exemplo do Homem de Bem, da melhor influência que passou pela Terra, o Guia e o Modelo da Humanidade.

Ele representa esta Escola chamada **Amor** que orienta o Homem na direção do Bem para todos.

Há um tempo em nossa trajetória, porém, quando iniciamos o processo de aprendizado pela experiência do livre arbítrio no qual passamos a escolher caminhos.

É um momento muito importante porque o homem avança para a dimensão da razão, acessa conhecimentos e progride por si mesmo quando aprende a manipular os elementos da natureza. Mas também é então que facilmente se distancia do guia original – *o instinto.*

Nesta fase, deixamos de simplesmente usufruir dos recursos naturais à nossa disposição e passamos para o patamar de desejar obter o controle sobre a natureza a fim de que ela, além da sobrevivência, ofereça também conforto.

Jean Jacques Rousseau entende que este é o momento em que o Homem se corrompe justamente porque se entrega aos prazeres que a civilização proporciona e passa desejar sempre mais.

A corrupção que ele se refere não tem conteúdo moral.

Trata-se do rompimento com a sua origem; a perda da pureza porque o homem está entrando na fase da sociabilidade e dos desejos.

Desejos geram necessidade.

A compaixão e a lei da reencarnação.

Em nossas reflexões consideramos o evento da reencarnação como sendo uma Lei Biológica que para Rousseau era desconhecida, como o é ainda hoje para muitas pessoas. Alguns desconhecem a reencarnação por falta de leitura, outros por falta de cultura, e outros por preconceito. Mas as evidências científicas a esse respeito estão disponíveis aos que se interessem.

Considerando, portanto, as vidas sucessivas, a mente infantil deve receber os estímulos para a quebra da dormência da compaixão pelo menos até os três anos de idade.

Daí a importância, do papel *da mãe, do feminino,* ou de quem lhe faça vezes, na educação da criança.

O *feminino* é um papel imprescindível na família, devendo ser exercido por aquele que possua a melhor competência no seu desempenho.

Cumpre à família munir a criança do entendimento de Deus como criador de tudo o que existe e como causa primária de todas as coisas. Conhecer e compreender a Jesus como guia e modelo da humanidade é também imprescindível para a expansão da compaixão.

A rotina da criança precisa vir permeada de ocupações úteis e nobres para que ela faça por si mesma sua ligação com a Natureza e por consequência com o Criador.

As necessidades da civilização nem sempre são verdadeiras.

"(...) creio perceber dois princípios anteriores à razão, um dos quais interessa ardentemente ao nosso bem estar e à conservação de nós mesmos, e o outro nos inspira uma repugnância natural de ver morrer ou sofrer todo ser sensível, e principalmente nossos semelhantes.

Do concurso e da combinação que o nosso espírito é capaz de fazer desses dois princípios, sem que seja necessário acrescentar a sociabilidade, é que me parecem decorrer todas as regras do direito natural; regras que a razão é, em seguida, forçada a restabelecer sobre outros fundamentos, quando, por seus desenvolvimentos sucessivos, chega ao extremo de sufocar a natureza.

Dessa maneira, não se é obrigado a fazer do homem um filósofo, em lugar de fazer dele um homem; seus deveres para com outrem não lhe são ditados unicamente pelas tardias lições da sabedoria; e, enquanto não resistir ao impulso interior da comiseração, jamais fará mal a outro homem, nem mesmo a nenhum ser sensível, exceto no caso legítimo de que, achando-se a conservação interessada, é obrigado a dar preferência a si mesmo

(...) Ora, sem o estudo sério do homem, de suas faculdades naturais e dos seus desenvolvimentos sucessivos, não se chegará nunca ao ponto de fazer essas distinções e de separar, na atual constituição das coisas, o que fez a vontade divina e o que a arte humana pretendeu fazer. .[56]

O amor enquanto uma Lei da Natureza:

> ***A Lei de Amor**. O amor resume a doutrina de Jesus toda inteira, visto que esse é o sentimento por excelência, e os sentimentos são os instintos elevados à altura do progresso feito.*

---

56 Jean Jacques Rousseau. Discurso sobre a Origem da Desiguldade. Excerto do Prefácio.

Em sua origem, o homem só tem instintos; quanto mais avançado e corrompido, só tem sensações; quando instruído e depurado, tem sentimentos.

E o ponto delicado do sentimento é o amor.

Não o amor no sentido vulgar do termo, mas esse sol interior que condensa e reúne em seu ardente foco todas as aspirações e todas as revelações sobre-humanas.

A lei de amor substitui a personalidade pela fusão dos seres; extingue as misérias sociais.

Ditoso aquele que ama, pois não conhece a miséria da alma, nem a do corpo.

Tem ligeiros os pés e vive como que transportado, fora de si mesmo.

Quando Jesus pronunciou a divina palavra – amor, os povos sobressaltaram-se e os mártires, ébrios de esperança, desceram ao circo.

O Espiritismo a seu turno vem pronunciar uma segunda palavra do alfabeto divino.

Estai atentos, pois que essa palavra ergue a lápide dos túmulos vazios, e a reencarnação, triunfando da morte, revela às criaturas deslumbradas o seu patrimônio intelectual. Já não é ao suplício que ela conduz o homem: condu-lo à conquista do seu ser, elevado e transfigurado.

O sangue resgatou o Espírito e o Espírito tem hoje que resgatar da matéria o homem.

Disse eu que em seus começos o homem só instintos possuía. Mais próximo, portanto, ainda se acha do ponto de partida, do que da meta, aquele em quem predominam os instintos.

A fim de avançar para a meta, tem a criatura que vencer os instintos, em proveito dos sentimentos, isto é, que aperfeiçoar esses últimos, sufocando os germes latentes da matéria.

Os instintos são a germinação e os embriões do sentimento; trazem consigo o progresso, como a glande encerra em si o carvalho, e os seres menos adiantados são os que, emergindo pouco a pouco de suas crisálidas, se conservam escravizados aos instintos.

O Espírito precisa ser cultivado, como um campo. Toda a riqueza futura depende do labor atual, que vos granjeará muito mais do que bens terrenos: a elevação gloriosa.

É então que, compreendendo a lei de amor que liga todos os seres, buscareis nela os gozos suavíssimos da alma, prelúdio das alegrias celestes. – Lázaro. (Paris, 1862)[57]

Enquanto o homem permanece no estado de natureza, é guiado pelos instintos, mas ao avançar na razão ele se depara com as sensações e corrompe-se.

Sobre essa corrupção, Rousseau enfatizaria: "*por seus desenvolvimentos sucessivos,* [o homem] *chega ao extremo de sufocar a natureza*".[58]

Essa corrupção acontece porque quando o Homem avança e passa a usufruir dos bens e dos serviços da civilização ele se torna sujeito de desejos que culminarão pela ruptura da sua relação com o mundo primitivo que ele acabará abandonando para sempre.

A ligação com a natureza, até então mantida pelas potências do instinto e garantidoras da sobrevivência, vai ceder lugar para sentimento de apego ao conforto que inevitavelmente gera sensações de prazer.

[57] O Evangelho Segundo o Espiritismo. Allan Kardec. Editora FEB. Capitulo XI, 8.

[58] Jean Jacques Rousseau. Obra citada.

A partir deste momento, tudo que signifique bens materiais e poder se tornarão metas importantes a serem alcançadas pelo homem.

Aquelas potências iniciais assumem contornos de sofisticação no vamos conhecer como sendo orgulho – *desejo de poder* - e egoísmo – *desejo de possuir*. É a corrupção.

A palavra corrupção, neste contexto, não tem conteúdo ético e moral. Simplesmente se ao momento que o homem rompe com o estado primitivo e ingressa no processo da instrução e do conhecimento sobre os bens da Terra e como usufruí-los da melhor maneira [para ele individualmente].

A história de Adão e de Eva, em Gênesis[59], sendo expulsos do paraíso são as imagens que bem representam as estruturas deste momento: o das sensações. O prazer de provar o fruto proibido bem ali no centro do pomar, absolutamente disponível.

Livre para decidir, o homem simplesmente faz o que era esperado que ele fizesse: prova o fruto.

E nunca mais será o mesmo.

O homem não retornará ao estágio da obediência cega ao que a natureza lhe dispõe e oferece. Não. Porque agora homem corrompe a sua relação com as leis da natureza para dominá-la.

O desejo de possuir e dominar estimulará conflitos e guerras cujas cinzas e rescaldos, dor e sofrimento, alavancarão o progresso das comunidades, compelindo o Homem por aprofundar o pensamento e buscar transcender a si mesmo.

---

[59] Gênesis ou Génesis, faz parte do Pentateuco e da Torá, que são os cinco primeiros livros bíblicos. É o primeiro livro na Bíblia Hebraica e na Bíblia Cristã.

Em um ponto deste processo o homem, cansado das lutas fratricidas, desejará retornar à Casa do Pai, ao Colo da Mãe Gaia.

Desejará ser guiado novamente.

Mas ele sabe que nunca mais abandonará as conquistas que realizou e não se entregará às mãos dos instintos puros e simples até porque perdeu essa conexão. Ele sabe também que precisará fazer algo para que a sua espécie não desapareça da face da Terra.

O homem precisa reaprender a amar.

"A fraternidade será a pedra angular da nova ordem social; mas não há fraternidade real, sólida, efetiva, senão assente em base inabalável e essa base é a *fé,* não a fé em tais ou tais dogmas particulares, que mudam com s tempos e os povos e que mutuamente se apedrejam, porquanto anatematizando-se uns aos outros, alimentam o antagonismo, mas a fé nos princípios fundamentais que toda a gente pode aceitar e aceitará: *Deus, a alma, o futuro, o progresso individual indefinido, a perpetuidade das relações entre os seres.* Quando todos os homens estiverem convencidos de que Deus é o mesmo para todos; de que esse Deus, soberanamente justo e bom, nada de injusto pode querer; que não dele, porém dos homens vem o mal, todos se considerarão filhos do mesmo Pai e se estenderão as mãos uns aos outros."[60]

[60] A Gênese. Allan Kardec. São chegados os Tempos. Sinais dos Tempos. 17. Editora FEB. 52ª Edição. 2006. Página 470.

ROUSSEAU, UM POETA DESALINHADO DOS SEUS PARES.

Entre os pensadores iluministas contemporâneos de Rousseau[61], podemos dizer que ele era a alma desalinhada dos seus pares.

Ele defendia a primazia da emoção afirmando que a civilização havia afastado o homem da sua natureza intrínseca e, portanto, da felicidade.

Eram aqueles os tempos dos enciclopedistas[62] que pretendiam sistematizar na perspectiva iluminista todo o saber já acumulado no mundo com Rousseau no contraponto defendendo a experiência direta, a simplicidade e a intuição.

Rousseau recomendava a religação com a Natureza. Estar ligado à Natureza é o mesmo que se ligar a Deus.

---

[61]Voltaire (1694-1778); Denis Diderot (1713-1784), e outros que os acompanhavam.

[62] Denis Diderot. Escritor e filósofo francês. 1773-1784. Sua obra prima é a edição da Ecyclopédie (1750-1772) que realizou junto com Jean le Rond d'Alembert.

Estar ligado a Deus, para Rousseau, é o estado de religiosidade.

Num tempo de racionalismo ateu, romantizar a relação do homem com a sua origem, colocou Rousseau em conflito com a predominância do pensamento fundamentado em Jhon Locke[63]. Quando Voltaire[64] levou a público as divergências das ideias causou grande sofrimento a Rousseau porque avançou os argumentos para o terreno das questões privadas e íntimas.

Os artistas e escritores filiados ao Romantismo foram os seguidores mais fiéis de Rousseau.

Através deles as suas ideias se propagaram e influenciaram as almas sensíveis.

José de Alencar[65] é um exemplo quando utiliza o arquétipo defendido por Rousseau do *bom selvagem* em seus romances indigenistas.

Nos tempos presentes de tantas posições extremistas e radicais, pensadores, alguns nanicos, comodamente posicionados nos seus ombros - os de Rousseau - enxergam um cenário diferente. Mas isso é natural e esperado, afinal estamos em outro contexto.

---

[63] Jhon Locke. Filósofo Inglês. 1632-1704. Considerado o principal representante do empirismo britânico. Defendia a liberdade e a tolerância religiosa. Considerado o pai do Liberalismo.

[64] François-Marie Arouet, mais conhecido pelo pseudônimo Voltaire. 1694 – 1778. Defendia as liberdades civis; defendia o livre comércio; combateu o absolutismo; criticou o poder a Igreja Católica e sua interferência no sistema político. Voltaire chegou a fazer campanha pública contra Rousseau expondo ao mundo sua grande dor: haver abandonado para adoção os cinco filhos que tivera com Thérese Levasseur. Os remorsos decorrentes marcaram grande parte da obra de Rousseau.

[65] José Martiniano de Alencar (1829 – 1877). Escritor e político brasileiro. Fundador do romance de temática nacional.

Alguns detratores de Rousseu, me parecem as mais das vezes sofrerem de certa miopia. Estão colocados no alto da montanha, mas são míopes. Tenho principalmente ouvido *luminares da atualidade* que, justamente devedores da própria iluminação aos pensadores do passado, colocam à conta do filósofo da liberdade, a responsabilidade pelas doutrinas doentes que tomaram conta do mundo nos últimos dois séculos.

A sensibilidade e o amor à natureza, a solidariedade e a compaixão como elementos importantes na preservação das espécies, que Rousseau tanto defende, nem de longe são os elementos que embasaram as torpezas das doutrinas materialistas que nasceram postumamente a ele.

Nosso **poeta** deu dimensão às ideias do seu antecessor Jhon Locke, severo racionalista e considerado pai do Liberalismo, a quem presto também minhas homenagens.

Considero injustos os *liberais da atualidade* quando criticam Rousseau com tanta ênfase.

Que se cuidem para não cristalizarem na indesejável e perigosa linha da crítica vazia de argumentos porque se estão localizados no extremo que defende meros pontos de vista

Disse eu nas considerações, que gosto da forma com que o filósofo da atualidade, Edgar Morin se refere a Rousseu:

> *"Mesmo se Rousseau pensasse que a civilização degrada o que existe de melhor no ser humano, ele não sonha com nada menos do que nos meios de criar uma sociedade melhor, o que faz muito bem tanto em* O Contrato Social *como em seu* Emílio.
>
> *Essa preocupação com uma boa sociedade, regenerada com o que os homens têm de melhor, foi algo cuja importância os filósofos não compreenderam.*

> *(...) Ele foi o primeiro dos filósofos a tornar o termo povo em uma palavra sagrada, uma palavra de amor e de respeito, o primeiro a declarar que só é legítimo um regime popular. Ele até mesmo o transformou em uma pessoa: o provo é soberano."*[66]

Jean Jacques Rousseau medita para nós a respeito da compaixão como sendo o atributo da alma que permite à espécie se perpetuar.

Ele chama a nossa atenção para o fato de que isso acontece em todos os reinos vivos da natureza.

Nessa linha de raciocínio, a compaixão é a própria *presença de Deus* nas Suas criaturas lhes conferindo a sensibilidade para que se cuidem mutuamente atendendo à lei da solidariedade universal.

Neste ponto, faço mais uma reverência ao filósofo do pensamento complexo, Edgar Morin, na forma como ele assimilou Rousseau enquanto alguém que tinha sim o que dizer:

> *"Ensinar a viver. Em 1994, por sugestão de Jack Lang, então ministro da Educação, escrevi* "algumas notas para um Emílio contemporâneo". *Desde então, jamais cessei de colocar sob o signo de Rousseau todas as minhas proposições para uma reforma da educação, lembrando essas magníficas palavras do autor de Emílio:* "Viver é a arte que quero lhe ensinar." *Aliás, em minha perspectiva, Rousseau é um pedagogo indissociável de Montaigne:* "Uma cabeça bem feita" *e* "ensinar a viver" *são dois objetivos indissociáveis e complementares.*

[66] Meus Filósofos. Edgar Morin. Editora Sulina, 2012. Página 71

De fato, a missão do ensino é transmitir conhecimentos especializados e, ao mesmo tempo, uma cultura geral que permita compreender nossa condição e nos ajude a viver; essa missão é impensável e impossível se não se facilitar para o aluno um modo de pensar livre e aberto, o que inclui abrir-se para os grandes problemas que todo ser humano enfrenta, perceber as complexidades do real.

Nos dias atuais isso constitui uma urgência.

O crescimento das informações e a diversificação dos saberes são de tal monta que precisamos de instrumentos para transformar informações e saberes em conhecimento encadeado e integrado. "[67]

O Poeta atormentado

Rousseau foi um **Poeta** atormentado por sentimentos contrapostos, por culpas e sensação de abandono que o seguiram vida afora.

Ele fez o que pôde com os recursos que detinha. Suas ideias, muitas delas frutos da paixão um tanto desgovernada, se estenderam no tempo, quebraram paradigmas e modificaram estruturas do velho mundo.

É provável que não tenha retornado à Pátria Espiritual como um completista[68] relativamente às questões internas. Nos últimos anos de sua vida, acompanhamos um Rousseau se consumindo na consciência de culpa e isso transparece indelevelmente nas suas obras.

[67] Meus Filósofos. Edgar Morin. Editora Sulina, 2012. Página 73.

[68] Alguém que realizou na encarnação 100% das tarefas com êxito.

As reflexões que ele faz sobre si mesmo são surpreendentes. Em suas **Confissões**[69] ele se revela com honestidade tal que beira ao cilício moral de si próprio

Entretanto, Jean Jacques Rousseau é apenas um homem do seu tempo, que viveu como a maioria dos iguais, assim como nós hoje. É provável, e esperado, que no entardecer das nossas próprias existências venhamos a fazer as releituras necessárias das atitudes da juventude realizadas sempre a partir das conexões do cérebro ainda imaturo. Neurocientistas[70] afirmam que não se forma um filósofo antes do quarenta anos de idade, no mínimo. Justamente porque o cérebro não amadureceu completamente.

Nosso **Poeta** deixou um legado gigante. Suas ideias reverberam até hoje nos convocando nesses tempos de transição a que nos guiemos mais pela sensibilidade.

Qual de nós, afinal, está apto a julgar Rousseau, especialmente fora do contexto no qual ele viveu?

Tempos aqueles especialmente difíceis e contraditórios.

Abandonar os filhinhos para adoção é sim indesculpável e ele mesmo reconhece isso.

Mas os que lhe diminuíram a obra baseados nessa questão pessoal, expondo-o publicamente, como foi o caso de Voltaire, não demonstraram maior fibra moral.

---

[69] As Confissões. Jean-Jacques Rousseau. Livro autobiográfico publicado após a morte de Rousseau. Nesta obra ele revela o contexto em que surgiram diversas das suas teorias.

[70] O Neurocientista brasileiro e nosso contemporâneo, Sergio Felipe de Oliveira é um desses estudiosos da conexão entre o cérebro e a mente e que vem repetindo isso em suas falas nos escritos, palestras e seminários sempre excelentes.

O legado do Poeta Jean Jacques Rousseau permanece até os dias de hoje. O julgamento moral de que foi e tem sido objeto, e que ninguém está autorizado a realizar, me parece fruto amargo da hipocrisia.

As "rodas" eram o expediente do egoísmo daquela época, não só tolerado por quantos da elite pensante como aplaudido como expediente que a maioria lançava mão para encobrir os resultados do sexo descuidado e irresponsável.

Abandonar os *rebentos* nas "rodas" sem nenhum constrangimento ou reflexão a respeito do ato cruel era prática comum.

Mas em que isso mudou nos dias de hoje? Os contornos atuais são mais sombrios e com repugnantes requintes de crueldades.

As *rodas* são proibidas, é verdade, mas as vozes defendendo o assassinato das crianças ainda no ventre materno encontram ressonância absurdamente inesperada. Estima-se que as guerras façam menos mortes que os abortos criminosos, os abandonos de recém-natos à própria sorte, os partos que se realizam solitariamente, muitas vezes em lugares infectos e ermos.

Nossas crianças, aos milhares, são assassinadas todos os dias e seus corpinhos incinerados para destruição dos vestígios. Outras, também aos milhares, que conseguem nascer são abandonadas nos lixos de qualquer esquina.

As crianças, os adolescentes, os jovens e até os adultos em situação de rua e a indiferença moral de uma sociedade que não aprendeu a amar são o cenário em qualquer cidade do mundo.

Definitivamente julgar Rousseau é um exercício de hipocrisia.

Em suas *Confissões,* nosso Poeta narra que se arrepende especialmente de, entre uma bebedeira e outra com os amigos insensatos, se referir à entrega dos filhinhos nas "rodas" como se fora ato heroico. Ao final da sua existência, o Ser Essencial parece ter se imposto à personalidade rebelde obrigando-o aprofundar o pensamento.

Na juventude, sob a máscara da extroversão inconveniente, Rousseau escondia a melancolia que o advertia como espinho na carne sobre tendência de fugir das responsabilidades pessoais nos momentos graves, como fez aos 16 anos de idade ao sair pelo mundo em busca de aventuras..

É provável que Rousseau, falhando nas responsabilidades paternas e conjugais ao impor tamanha dor à esposa, tenha perdido muito da potência da energia criadora que passou a ser consumida quase exclusivamente para manter o equilíbrio da mente desalinhada pela consciência culpada.

Sendo assim, a obra de Rousseau talvez pudesse ter sido ainda mais rica.

Esse me parece ser o retrato mais aproximado do nosso **Poeta,** a quem dedico especial carinho.

Graças à leitura que fiz da sua obra, ainda muito jovem, direcionei a educação dos meus próprios filhos, dos meus *Emílios,* para o desenvolvimento da sensibilidade desde cedo. A criação de espaços de convivência para realização do amor a Deus, à natureza e ao próximo cujos resultados aí estão visíveis hoje os meus 63 anos de idade, me obrigada à eterna gratidão ao **Poeta.**

Somos vítimas de nós mesmos, herdeiros das nossas culpas, mas também os que, libertos do medo, imersos no Amor de Deus, realizamos obras sobre-humanas nos colocando disponíveis para os mais comoventes sacrifícios.

A obra intelectual de nosso **Poeta** permanecerá porque em si mesma é incorrupta.

Entretanto, Rousseau foi ouvido por uma sociedade completamente endurecida pelo jugo de milênios, desde o início do processo civilizatório. Tornou-se impraticável a compreensão do conceito em sua transcendência.

Desnecessário comentarmos o reflexo das suas ideias no solo francês quando o *Contrato Social* se tornou a cartilha do movimento que culminou com a Revolução Francesa. Mais desnecessário ainda, lembrar o tempo próximo que seguiu à Revolução Francesa evidenciando quanto aquele povo estava despreparado para realizar a própria liberdade.

Os atuais desabonadores de Rousseau, qualificando-o como precursor do comunismo e do socialismo, principalmente no que essas concepções trazem de mais sombrio, como já me referi anteriormente, não contextualizaram a sua obra. Então isso é um problema dessa miopia. Uma pena.

Rousseau deve ser compreendido como o precursor da *aristocracia intelecto moral* que somente as gerações do futuro conseguirão verdadeiramente realizar. Ser livre para o Bem se tornando escravo dos atos de nobreza.

Individualmente somos virtuosos amantes do conforto. E o conforto é inimigo da responsabilidade. Então não se há que falar em liberdade.

Por essa razão, o nosso livre arbítrio se encontra tão prisioneiro das circunstâncias, pela lei do determinismo, que impõe os limites necessários especialmente quando negligenciamos a responsabilidade – a única – provedora da liberdade.

Gosto de dar a Rousseau o codinome de **Poeta** por falar de liberdade privada para Reis e Imperadores, de igualdade para classes Nobres e arrogantes, e de fraternidade para Senhores Feudais.

É necessária grande coragem para afrontar com tanta energia as classes dominantes, especialmente quando elas detinham poder de vida e de morte sobre os súditos.

Liberdade, igualdade e fraternidade permanecerão. A educação fundada nesses princípios tem grandes possibilidades de formar homens livres e responsáveis.

INDIVIVUDALISMO, COLETIVISMO E JUSTIÇA.

Liberdade, Igualdade e Fraternidade.

Porque precisamos aprender a contar até três.

O Universo tem uma preferência pela trindade. O Plano perfeito é aquele desenhado por três linhas em que cada uma intersecciona duas.

Uma cadeira de três pernas **não** vai *mancar.* Experimentem.

Parece simples. Mas nem sempre é.

Normalmente a humanidade vem contando somente até dois. Então dividiu tudo o que supõe conhecer em dois extremos que se afastam indefinidamente: *bons e maus; preto e branco; rico e pobre; belo e feio; quente e frio... Infinitamente.*

Mas existe o arco íris que aí está nos mostrando que nunca foi assim.

Por isso que, qualificar Rousseau de *coletivista* é o mesmo que considerar Jesus *individualista, ou egoísta,* por pregar o *amar ao próximo como a si mesmo.*

Então não é possível apequenar o pensamento desta forma.

Vivemos este momento em que, no mesmo plano, dois pontos declararam guerra pela hegemonia do todo.

Mas a questão é que existe um terceiro ponto. Sem ele, não existe plano nenhum. Teremos apenas uma linha que viajará ao infinito na busca de si mesma... É bem simples assim.

O que diz o terceiro ponto afinal?

Vamos ouvi-lo. É importante saber o que ele tenha a dizer.

Individualismo e coletivismo não podem ser considerados isoladamente, sem a justiça como ponto de ligação entre ambos a fim de que tenhamos o desenho do plano perfeito.

Vejamos que nestas expressões – individualismo e coletivismo - o sufixo que acompanha o radical é o *ismo.*

Radical de uma palavra é a sua substância. Neste nosso caso, são dois substantivos abstratos. O substantivo abstrato é aquele que vive no mundo das ideias. Quando associamos um sufixo ao radical, estamos explicando por qual forma o radical está se expressando concretamente no mundo das formas.

O *ismo* é um sufixo que só conta até dois, e então ele não consegue explicar um plano que precisa ser contado até três. Para o *ismo* só existe duas formas de dar concretude a uma ideia. É por isso que as ideias seguidas de *ismo* tendem a se antagonizar na maioria das vezes. Eu sempre oriento a que evitemos, quanto possível, os *ismos.* Especialmente se desejamos ampliar a dimensão do entendimento.

Assim, é melhor falar *assistencial* a *assistencialismo; espiritual* a *espiritualismo; moral* a *moralismo.*

Dito isto, o terceiro ponto diz que ele, **a justiça**, intercepta o caminho entre o **individual** e o **coletivo.**

Com a presença da justiça, entre o individual e o coletivo, vamos ter o melhor de ambos que é a ***individualidade*** e a ***coletividade*** com os seus interesses resguardados sem que ocorra a guerra.

Porque o sufixo *dade* significa dar concretude a substantivos abstratos, porém de forma completa e olhada do ponto de vista da moral e da ética que o padrão civilizatório já alcançou.

Individualistas e coletivistas: amai-vos! Eis o primeiro ensinamento; instruí-vos! Eis o segundo. Assim disse o Espírito de Verdade quando convocou a falange dos Espiritistas para trabalhar logo em favor do Mundo Melhor[71]

Porque o **individualismo** é a busca de dar concretude aos interesses individuais e o **coletivismo** é a busca de dar concretude aos interesses coletivos. Ocorre que o olhar estreito sobre quais seriam esses interesses, sem a presença da **justiça** mediando essas relações, o estado de beligerância muito provavelmente se instalará entre esses dois conceitos porque eles se antagonizam em grande parte das situações.

A **individualidade** deve ter seus interesses e direitos respeitados e preservados, assim como a **coletividade** também.

Só a **justiça** faz isso.

Mas é preciso ter um pouco de amor e de leitura dentro de si mesmo para compreender o conceito de justiça na sua inteireza.

---

[71] O Evangelho Segundo o Espiritismo. Allan Kardec. Capitulo VI, 5.

Então é preciso amar e é preciso educar.

Jean Jacques Rousseau, quando contou até três, foi além dos nossos filósofos da atualidade

Porque Rousseau fala de **liberdade** para expressar o interesse **individual.** Ele não usa a expressão *liberalismo.* Não. Ele prefere usar o sufixo *dade.* Ele também fala de **igualdade** para expressar o interesse **coletivo**. E aqui ele também prefere o sufixo *dade.* E ele também vai além. Ele fala em **fraternidade** para expressar o conceito de **justiça.**

Então, ao contrário do que nossos jovens filósofos da atualidade reclamam de Rousseau, ele está na frente. Enquanto eles permanecem em uma única dimensão, a da linha representada por dois pontos - individualismo e coletivismo – nosso Poeta vai mais além e constrói um plano que parte do individual na direção do coletivo, ambos capacitados pelo conceito da justiça. Ele construiu este plano triangular de três vórtices, sim vórtices e não vértices, porque são três campos de energia cósmica que precisam estar unidos para compor a sinfonia que a humanidade deve aprender a ouvir e a cantar.

Nestes três vórtices, a justiça se coloca acima, altaneira, porque é ela que vai iluminar pelo amor e pela compreensão os outros vórtices que fazem a base deste triângulo.

Por isso que *liberdade, igualdade e fraternidade,* são as outras palavras sinônimas de *individualidade, coletividade e solidariedade.*

Somente a educação permitirá aos homens do futuro a compreensão desses conceitos e de os efetivar no mundo.

Educar os homens, eis a nossa missão.

Educar é orientar na direção de O Bem.

Na direção da compreensão da fraternidade, da solidariedade, da justiça social.

Porque ninguém precisa esperar mudanças de regimes ou de sistemas de governo para dividir o que tem com outro que está miserável seu lado.

Ninguém precisa de leis constrangedoras para doar do que lhe sobra.

Porque doar é ir além das leis, além das obrigações.

O ato da doação é a própria manifestação do amor na Terra.

Por isso Jesus fez a convocação do *amai ao próximo como a si mesmos.*

Porque os nossos interesses pessoais são os que enxergamos com maior precisão. E isso é absolutamente natural. Que o homem tenha interesses pessoais. O que Jesus pede, é que lembremos que o *outro* também possui interesses pessoais. E que se vivemos coletivamente, não podemos ignorar os interesses do ***outro.*** Que existem interesses no *outro* que significam a sua própria sobrevivência como ser humano.

Por isso, amar o próximo como a si mesmo, é a primeira expressão da *compaixão.* Porque a compaixão é o sentimento que permite à espécie humana sobreviver.

Sobreviveremos como seres humanos se desenvolvermos em nós a compaixão que nos permitirá sair do individual na direção do coletivo para ajudar a fazer justiça, sem precisar nos oprimir a nós mesmos, nem oprimir a ninguém.

Sobreviveremos como seres humanos quando doar deixe de doer em nós porque já teremos conseguimos aprender o significado de o que verdadeiramente seja *a posse do necessário, a consciência tranquila e a fé no futuro*[72].

Vamos lembrar que Jesus está em outra dimensão da compreensão; a dimensão angélica. Então a recomendação dele é para que venhamos amar ao próximo como a nós mesmos é puramente humana.

Mas, no final da sua trajetória na Terra, pouco antes da crucificação, ainda na ceia última que realizava com seus apóstolos, Ele os convocou para irem além de si mesmos. Porque Ele havia capacitado seus *a*lunos – sem luz -, iluminando-os pelo viés da transcendência que é a dimensão da caridade. Ali, no Seu Reino, Jesus nos convoca a amar de uma forma diferente do que podemos conhecer na Terra. Ele diz: *Amai-vos uns aos outros, como eu vos amei.* [73]

Amar o próximo como a si mesmo significa sair do individual na direção do coletivo por sentimento de dever; por justiça. Podemos chamar de consciência de dever.

Jesus nos amou transcendentemente ao dever e à justiça.

Amar o próximo como Jesus nos amou é transcender para a consciência de caridade.

É ir além de si mesmo.

[72] O Livro dos Espíritos. Allan Kardec. Questão 922. *A felicidade terrestre é relativa à posição de cada um. O que basta para a felicidade de um, constitui a desgraça de outro. Haverá, contudo, alguma soma de felicidade comum a todos os homens?* "Com relação à vida material, é a posse do necessário. Com relação à vida mora, a consciência tranquila e a fé no futuro."

[73] Bíblia Sagrada. João 15, 10-15. "Se guardardes os meus mandamentos, permanecereis no meu amor; do mesmo modo que eu tenho guardado os mandamentos de meu Pai, e permaneço no seu amor. Tenho-vos dito isto, para que o meu gozo permaneça em vós, e o vosso gozo seja completo. O meu mandamento é este: **Que vos ameis uns aos outros, assim como eu vos amei**. Ninguém tem maior amor do que este, de dar alguém a sua vida pelos seus amigos. Vós sereis meus amigos, se fizerdes o que eu vos mando. Já vos não chamarei servos, porque o servo não sabe o que faz o seu senhor; mas tenho-vos chamado amigos, porque tudo quanto ouvi de meu Pai vos tenho feito conhecer."

É a capacidade para o sacrifício do pessoal. O ofício sagrado daquele se entrega a si mesmo, sem nenhum constrangimento.

É aquele, que, depois de uma noite insone, se levanta, e sem a menor demonstração de que *jejuara* segue intimorato para a **Marcha!**[74]

Amar como Jesus amou, é se tornar a inspiração dos líderes que deverão suceder as ideias e os ideais de liberdade, igualdade e fraternidade[75]. Porque assim caminha a humanidade: por sobre as pegadas dos pés dos seus líderes.

[74]A Marcha sobre Washington por Trabalho e Liberdade e pelo fim da segregação racial, ocorrida em 28 de agosto de 1963, em Whashington, DC, liderada e organizada, entre outros, pelo advogado, pastor, pacifista e ativista dos direitos humanos Martin Luther King que reuniu mais de 250.000 pessoas.ação negra do país.

[75] Martin Luther King, se inspirou em Mahatma Gandhi a ponto de começar a se referir a ele como *"a luz guia de nossa técnica de mudança social não violenta."* Mahatma Gandhi, por sua vez, se apoiou em Henry David Thoureau, autor do clássico *"Desobediência Civil"*.

Hippolyte Léon Denizard Rivail

"(...) De tudo o que acabamos de observar, resulta que a educação é uma arte particular, bem distinta de todas as outras e que, por consequência, exige um estudo especial; que não é aliás nem a mais fácil de se estudar e nem a mas fácil de se praticar; ela exige disposições e uma vocação muito particulares; exige qualidade morais que não são dadas a todos os homens, tais como uma paciência e uma sabedoria à toda a prova, uma firmeza misturada à doçura, uma grande penetração para sondar os caracteres, um grande império sobre si mesmo, a vontade e a força de domar as próprias paixões, enfim, todas as qualidades que se quer transmitir à juventude. Ela exige ainda um conhecimento profundo do coração humano e da psicologia moral, um conhecimento perfeito dos meios mais apropriados a desenvolver nas crianças as faculdades morais, físicas e intelectuais, e um tato especial para aplicá-los a propósito. Esses meios, repito-o, devem ser estudados como se estudam os remédios da medicina."[76]

[76] Hippolyte Léon Denizard Rivail (Allan Kardec). 1804 – 1869. Textos Pedagógicos. Editora Comenius. 2ª Edição. 1999. Pág. 29 e 30.

A PEDAGOGIA DA COMPAIXÃO.

Pedagogia, epistemologia, meta, método e metodologia.

Pedagogia: No sentido mais amplo envolve todas as ações e intervenções requeridas para a evolução da situação vigente na direção e sentido da transformação desejada, ou seja, do propósito.

A Pedagogia que desejamos é a que estabeleça os princípios alinhados aos nossos propósitos para nortearem as ações e intervenções necessárias.

Epistemologia: em palavras simples, é o estudo dos métodos para acesso ou para a produção de um conhecimento sobre um tema ou processo bem como a análise dos critérios pelos quais se justifica a produção ou o acesso daquele conhecimento para além das circunstâncias históricas, psicológicas e sociológicas.

Meta: Objetivo específico[77]; prazo definido[78]; valor significante.[79]

Método: Caminho ou processo[80] para atingir uma meta.

Metodologia: Estudo e aplicação dos métodos[81] ou das etapas de determinado processo. Conjunto de métodos. A Metodologia que desejamos se compõe dos processos que permitam a realização das ações e das intervenções necessárias à consecução dos nossos propósitos. É uma das disciplinas da epistemologia.

A Pedagogia da Compaixão

É a **pedagogia** que nós vamos elaborar para contribuir na construção do Mundo Melhor. Ela tem por objetivo nortear a realização das ações e das intervenções requeridas para evolução dos envolvidos no sentido da aquisição das qualidades identificadoras do homem de bem.

Quem é este homem de bem afinal?

O homem de bem é aquele que absorveu as influências da ciência, da arte, da filosofia e da religião, nos seus sentidos éticos e morais incorporando-os ao seu modo de viver.

Este homem é alguém atento e de certa forma consciente do seu papel na Terra. Ele aprendeu amar como resultado do entendimento da fenomenologia das experiências do cotidiano, da atenção e da percepção.

O homem de bem é movido pela compaixão e realiza ações de misericórdia com naturalidade.

---

[77] O quê fazer.

[78] Quando fazer.

[79] Quanto vai custar.

[80] Como vamos fazer.

[81] Competências. Ferramentas. Quem vai fazer.

É aquele que aprendeu a servir com alegria porque tem grande capacidade para o sacrifício.

O ofício sagrado que significa realizar a própria missão na Terra com leveza.

> *"O HOMEM DE BEM. O verdadeiro homem de bem é o que cumpre a lei de justiça, de amor e de caridade, na sua maior pureza. Se ele interroga a consciência sobre seus próprios atos, a si mesmo perguntará se violou essa lei, se não praticou o mal, se fez todo o bem que podia, se desprezou voluntariamente alguma ocasião de ser útil, se ninguém tem qualquer queixa dele; enfim, se fez a outrem tudo o que desejara lhe fizessem. (...)"*[82]

Jesus[83]e a compaixão.

Na *Parábola do Bom Samaritano,* Jesus coloca a compaixão como o sentimento que vai possibilitar a percepção das necessidades reais do irmão[84].

A compaixão vai conferir a energia necessária para a realização dos atos de **misericórdia**[85]que lhe devem ser consequentes.

O Mestre de Amor convoca a sociedade para pensar nas gerações futuras ensinando desde cedo às almas renascentes e ainda tenras no corpo de carne a reconhecer o próprio caminho e seguir sua trajetória com segurança.

---

[82] O Evangelho Segundo o Espiritismo. Allan Kardec. Capitulo XVII. 3.

de bem; mas aquele que se esforce por possuir as que acabamos de mencionar, no caminho se acha que a todas as demais conduz.

[83] O maior Pedagogo que já existiu.

[84] Do próximo.

[85] Realizar um acordo com a miséria; um acordo com aquele não pode retribuir. Ouvir a voz do coração e agir com a força que dele emana nas situações em que não se obterá nada em troca.

No Mundo Regenerado, as marcas do Cristo de Deus serão **o sentimento de compaixão e os atos de misericórdia.** Estas duas palavras a Humanidade compreenderá finalmente. Elas farão parte da rotina do homem. Do homem de bem.

Então, a pedagogia da compaixão que estamos propondo, vai estabelecer os princípios que se alinhem aos propósitos da formação desse **homem de bem.**

Esta pedagogia da compaixão baliza um roteiro metodológico de autoconhecimento e oferece ao homem a compreensão das metas que ele precisa alcançar.

A pedagogia da compaixão norteia os caminhos do ensino aprendizagem das práticas de abnegação que integram o homem com a natureza, generosamente.

O homem integrado à natureza reencontrou Deus e não perde mais a noção de si mesmo porque irá reconhecê-Lo em cada detalhe da Criação e vai se colocar na posição de coparticipante dos processos de cuidados de tudo que existe.

O homem religado a Deus sabe que é herdeiro do Universo e que nada lhe poderá faltar. Reconhece a felicidade como sendo um subproduto do trabalho do filho na Vinha do Pai. Então é um homem feliz por isso; porque todos os dias, prova o fruto do dever retamente cumprido.

As nossas crianças têm o direito de acessar esse conhecimento e é nosso dever disponibilizá-lo.

A criança deve conhecer Jesus nos primeiros anos da existência; deve encontrá-Lo e não O perder. Elas são as crianças da Nova Era e as responsáveis pela implantação definitiva do Reinado do Bem na Terra.

Importante salientar que inserir Jesus[86] no contexto desta pedagogia, não é o mesmo que adotar alguma prática religiosa determinada já que Ele mesmo não criou nenhuma religião.

Precisamos admitir que Jesus de Nazaré é o orientador da Escola do Mundo Regenerado.

A epistemologia Dele, ou epistemologia Cristã, deve ser meditada cientificamente. Porque Ele utiliza a experiência e o protagonismo, pela convivência, por método extremamente eficaz de acesso ao conhecimento do amor e da verdade.

É preciso compreender essa espistemologia e aplicar seus métodos para benefício de nós mesmos das crianças do Novo Mundo.

A convivência.

Aprender a arte de conviver com liberdade possibilita perceber nuances do *outro* que o distanciamento naturalmente esconde. A indiferença sempre perde força junto aos que se aproximam

Meditar nas formas de harmonizar a convivência com os reinos da natureza compõe os métodos de acesso à compreensão do amor.

Então precisamos aprender a criar os espaços que possibilitem a aproximação e a convivência.

Conviver para amar e servir[87].

A convivência é a provedora da atenção.

A atenção qualifica a percepção.

---

86 Trata-se de Jesus de Nazaré e não do Jesus que os Cristãos elaboraram de acordo com seu entendimento.

87 Este é o nome, também de um livro: Conviver para Amar e Servir. Editora FEB. Foi elaborado para dar corpo às ideias do sociólogo Mário Barbosa.

A percepção estabelece campo para a empatia.

A empatia é a provedora da compreensão.

A compreensão é o julgamento fundamentado nas *razões do outro.*

As *razões do outro* despertam a compaixão.

A compaixão é a mãe do acolhimento e da proteção.

O acolhimento e a proteção precedem a educação.

A educação transforma para melhor e conduz na direção do Bem, de amar e servir.

Aquele que ama e serve deseja conviver mais.

Mais um círculo virtuoso que recomeça na convivência.

Para além das relações de proximidade.

É perfeitamente factível conviver com alguém que acabamos de conhecer. Um companheiro de fila de banco, por exemplo, pode nos comunicar e até ensinar muitas coisas interessantes e às vezes definidoras para aspectos importantes da nossa vida.

Aliás, pode ser qualquer fila; pode ser em um ônibus, em uma cidadezinha qualquer ou em uma metrópole.

Oferecer água; sorrir. Qualquer coisa que expanda de nós desejo do bem para o *outro.*

Aprofundando a epistemologia da compaixão.

Quebrar a dormência da compaixão para as realizações do bem vai exigir uma epistemologia; estudar o método de acesso ao conhecimento da quebra desta dormência.

Então vamos lá.

A experiência reencarnatória envolve o cumprimento de uma missão.

A missão já vem determinada no plano reencarnatório definido no Mundo Espiritual.

Para trilhar o caminho com segurança, a Alma deve imergir ainda nos anos verdes da encarnação, em ambientes que possibilitem experiências nobres e relevantes de afeto e compreensão. São os processos das intervenções que vão exigir habilidades e competências porque eles estão no contexto da epistemologia da compaixão.

Intervir é *chegar e entrar no mundo do outro,* porém sem arrombar a porta.

Para eficácia dos processos de intervenção, são necessárias habilidades essenciais para identificação da situação desafiadora e capacidade para agir da forma adequada.

Essas habilidades pertencem a dimensões relacionais de excelência.

Afeto e afabilidade. Gratidão e doçura.

Existe uma lei que regula as encarnações no Planeta Terra e que submete todos os seus habitantes a sentirem necessidade de compreensão e sede de afeto.

A transmissão do conhecimento somente ocorre se for carregada do **afeto** daquele que ensina na direção daquele que aprende.

O afeto formata a memória, e é por isso que uma criança não firmará aprendizado com quem não o transmita. Esta regra vale para o adulto também.

Existe uma teoria que fala das relações emocionais entre o sujeito e o objeto amado: *teoria das relações objetais.*

Esta teoria foi muito bem incorporada pela psicanalista austríaca Melanie Klein[88] que se refere às relações parentais precoces na vida da criança e a influência das emoções vivenciadas como fator de estrutura do conhecimento.

Em linhas gerais, as recordações que a criança haverá de manter serão as que tiverem para ela algum conteúdo de vivência emocional.

O desenvolvimento do ego, então, terá contribuição significativa do processo de identificação comum nas relações emocionais entre o sujeito e objeto, entendendo-se por objeto uma pessoa, ou a sua representação.

O sujeito forma com o "objeto" intensa relação emocional que o leva à identificação com ele. A figura parental possui aspectos positivos, ou *bons,* e negativos, ou *maus.*

Melanie Klein assegura que a criança vai se assenhorear de ambos, porque são necessários. Ela denomina o *bom objeto* e o *mau objeto.* Deve predominar sempre o *bom objeto.*

O *bom objeto* é aquele que expressou o *afeto* nas experiências que elaborou com a criança.

A escola deve constituir uma extensão da família para que os conceitos das relações parentais alcancem o ambiente escolar.

A criança se identificará com a professora quando encontrar nesta relação o *objeto bom* que ela traz da família, nas suas relações parentais.

Por isso é comum que a criança chame a professora de *tia.* Na grande maioria das vezes, a *tia de verdade* é um *objeto bom.*

---

[88] Nasceu em Viena, 30 de março de 1882 e faleceu em Londres, 22 de setembro de 1960.

A informação passada com afeto estrutura a formação do ser humano que é o campo pelo qual a educação se expande e floresce.

A comunicação com a natureza não será possível sem a expressão do afeto, que vai acontecer nos atos de acolher, de cuidar e de proteger.

A criança até os sete anos aproximadamente, vive o período pré-simbólico. Ela não vai expressar os seus sentimentos e conhecimentos pela palavra.

Esta é o momento que podemos denominar de fase do incognoscível, em que não existe expressão da linguagem que traduza o mundo interno da criança. A criança simplesmente sabe. E supõe que os adultos também saibam. As abordagens neste período precisam respeitar essa linguagem que não é do raciocínio cognitivo nem se expressa nos símbolos que os adultos entendem.

A parte de nós adultos edificada na infância não se comunica conosco. Nós simplesmente a esquecemos. Não sabemos nada sobre ela. E ela significa metade de tudo o que conhecemos.

Então, para que ocorra a conexão eficaz com a criança, o adulto deve reaprender a ser criança. É quando a criança passa a ensinar o adulto como é a linguagem do seu mundo.

Conviver com as crianças é definidor para isso.

O Educador deve ter esta certeza. De que antes de ensinar algo à criança, precisa aprender a sua linguagem para dialogar com ela.

Então, conviver com as crianças nos completa naquilo que nós desconectamos de nós mesmos porque simplesmente estamos esquecidos. Qual é a lembrança que trazemos de quando tínhamos dois ou três anos de idade? Nenhuma. Só nos lembraremos desse período se convivermos com uma criança desta faixa etária.

Por isso que Jesus ordenou aos discípulos que não impedissem as criancinhas de irem até Ele[89].

Não conviver com crianças deixa de acionar dentro de nós elementos incognoscíveis, como também ensina o Neurocientista Dr. Sérgio Felipe de Oliveira.

Estes elementos são as bases estruturais para o desenvolvimento que ainda seja possível em nós, e que a nossa linguagem não atinge.

Mas a introdução da importância das crianças para nós adultos nesta obra tem qual objetivo? Afinal não é disso que estamos tratando.

Acontece que somos nós, os adultos, que temos a tarefa de *ensinar as coisas do mundo* para as crianças. E para ensiná-las precisamos aprender a linguagem delas.

E as crianças que aprendem com que aqueles *falam a sua linguagem,* muito provavelmente não se desconectarão de si mesmos que forem adultos.

Elas lembrarão as informações que seus instrutores lhes tenham passado e que vieram no seu idioma: *a linguagem do afeto.*

---

[89] Deixai que venham a mim as criancinhas, não as impeçais porque o Reino de Deus é para os que se lhes assemelham. Bíblia Sagrada. Mateus, 19, 14.

A criança traz novidades; traz notícias atualizadas do Mundo Espiritual e nós, familiares e instrutores, precisamos aprender a perguntar mais para as crianças e principalmente a ouvir as suas respostas. Elas têm muito para nos contar e para nos ensinar. O Neurocientista brasileiro *Sérgio Felipe de Oliveira,* fala muito sobre isso para nós em suas palestras.

Por isso é que as crianças é que devem ser as contadoras das histórias e não nós os adultos. Para saber qual é o seu interesse, é necessário que exista uma relação objetal presente; uma relação de identificação. Mas isso somente se dará nos espaços de convivência.

Delegar a convivência da criança para a Escola ou para Preceptores é uma grande perda de oportunidade.

Desenvolver afeto pressupõe condições de disponibilidade para aprofundar o pensamento daquele que tem a tarefa de p transmitir.

A afetividade, que é a realização afeto, acontece quando existe a disposição e a disponibilidade para a sua prática. E esta prática pressupõe que a pessoa seja afetuosa, por óbvio.

Mas como sedimentar o afeto em nós? Elaborando em nós mesmos algumas virtudes: *especial capacidade para o sacrifício; diálogo; empatia; alteridade.*

Especial capacidade para o sacrifício.

A palavra sacrifício, provavelmente em razão das perseguições e das ideias religiosas dominantes na idade média, sofreu uma inversão no seu significado real.

O entendimento usual de sacrifício é a realização de algo sob forte constrangimento da vontade. Pode ser até sinônimo de tortura moral ou física ou quase uma coação moral irresistível.

Sacrifício, entretanto, é a arte de realizar o sagrado. Ofício sagrado que decorre da ação de vontade livre e lícita dirigida para o bem para concretizar alegria, serenidade e ânimo forte.

A mãe que amamenta o filho em uma madrugada pode estar concretizando um ato sagrado, ou simplesmente cumprindo um dever que a consciência lhe impõe.

Essa especial capacidade para o sacrifício pertence à essência do homem e não à personalidade. A depender de como a personalidade tenha se estruturado, a essência pode ficar subjugada.

Então o homem, mesmo capacitado em essência para realizar a sua missão, que é a prestação dos serviços sagrados, pode não atingir esse objetivo porque, a depender dos condicionamentos, da cultura e da instrução a que ficou exposto, podem cristalizar a personalidade impedindo que as energias mais sutis da alma se manifestem.

O medo.

O que nos impede a realização dos ofícios sagrados é o medo. Medo de que, afinal?

O nosso segundo medo mais profundo é o medo de amar. O primeiro medo mais profundo é o medo da morte.

Do medo da morte decorrem todos os outros medos.

O medo é incapacitante. Ele paralisa o homem impedindo-o de avançar nas conquistas que já poderia fazer considerando que está capacitado para tal.

O medo da morte, de que tudo acabe. O medo de começar amar e depois ter de lidar com a solidão em razão da perda do objeto do seu amor já que tudo morre um dia.

Precisamos, então, lidar com o medo da morte porque dele derivam todas as nossas angústias, nossas aflições. Lidar em nós, para transferir conhecimentos efetivos para as crianças e jovens sob nossa responsabilidade pedagógica, sejamos professores ou não. Todos nós somos educadores e educandos na escola da vida.

Temos tanto medo da morte que não encontramos tempo para refletir sobre ela.

Quando alguém próximo de nós morre, então uma avalanche de questionamentos tira a nossa paz por um período considerável.

O primeiro impacto psicológico geralmente causado pela morte é a sensação da perda da pessoa amada e suas consequências em nossa vida. Pensamos: *o que será de mim sem esta pessoa?* Mas raramente pensamos: *onde ela está agora? o que eu posso fazer para ajuda-la nesta transição? como será nosso reencontro? e se fosse eu?*

O medo da morte possui causas enraizadas no inconsciente coletivo da humanidade, especialmente na cultura ocidental.

As mortes sempre significaram o fim de tudo. E a forma como são realizados os atos fúnebres, enchem qualquer um de terror. As cores são sempre melancólicas e depressivas, os cheiros também. Os meios de comunicação de massa são especialmente cruéis.

Qualquer evento onde ocorra a morte ou a destruição de algo é noticiado por dias sempre enfocando o pior aspecto de tudo. Quando as rotinas retornam não se tem mais notícia.

É muito difícil encontrar um filme nos canais de televisão, abertos ou fechados, que não abordem violência, destruição e morte, com riqueza de detalhes cada vez mais impressionante.

Todos se esforçam, muito, para mostrar a morte e o quanto de terrível ela é.

Imaginemos o que isso faz na mente das nossas crianças que vivem o universo do pré simbólico onde tudo é emoção.

Então isso tudo fica em nossa memória criando atavismos que passam pelas gerações marcando os corações frágeis.

Para sofrer menos, passados os momentos inevitáveis das cerimônias fúnebres, nós fugimos para nossos quefazeres a fim de não pensarmos no assunto.

Sempre foi assim. Ninguém pensa em mudar isso.

Mas o medo da morte é a raiz de todos os outros medos. Se o superamos, ainda que em parte, algo em nossa alquimia psíquica mudará para sempre. E mudará para melhor.

Por tudo isso, é necessário mudar a forma de ver o fenômeno biológico da morte.

Evidentemente que o **instinto da sobrevivência** é necessário e sem ele a espécie humana pereceria.

O instinto nos preserva de ficarmos em outro extremo indiferentes à vida corporal e desistirmos dela na primeira dificuldade. Viver na Terra é um desafio diário e constante porque aqui viemos para isso mesmo. Sem o instinto de sobrevivência poderíamos nos cansar e simplesmente optar pela fuga. Então o instinto responde sim pelo medo.

Mas não penso que seja ele, o instinto, a causa primária do medo de morrer. A causa real do medo de morrer é a ignorância da existência da vida futura.

Neste tocante podemos dizer que as religiões, especialmente as ocidentais, fracassaram.

A vida espiritual apresentada ao fiéis da religião foi tão desprovida de lógica que, saído das sobras da idade média, o homem mais racional, negou a existência de qualquer outra forma de expressão da vida que não fosse a dimensão material.

A ignorância sobre o que nos espera após a morte confere superpoderes ao instinto de sobrevivência que os usará para nos paralisar diante de realizações importantes e que nos fariam grande bem.

Quantos atos de bondade nós deixamos de fazer simplesmente para não *perdermos tempo* já que a vida é curta.

Educação para a Vida significa começar a olhar para o fenômeno biológico da morte pelo lado certo. Pelo lado da imortalidade.

Quem eu sou? De onde eu vim? Para onde eu vou?

Olhar menos para o corpo que está inerte e fixar na alma iluminada que se liberta.

Modificar os hábitos, especialmente com as crianças e jovens. Procurar leituras e filmes que mostrem a vida em todas as suas dimensões de manifestações. Vivenciar com eles as experiências das mortes dos animais dando a elas um enredo com final feliz para que eles encarem as separações físicas como um evento natural e provisório.

O apego às questões materiais, em última análise, é um processo de fuga da morte porque nos projetamos nos objetos e nas pessoas pensando em nos tornamos imortais de alguma forma.

Entretanto nós já somos imortais.

É preciso *escanear* este processo de fuga a fim de nos localizarmos na Terra como seres que estamos de passagem e que em breve retornaremos para a nossa verdadeira pátria, o mundo espiritual.

Começar a entender os mecanismos psicológicos do apego e para isso a psicologia da gratidão possui ferramentas importantes. Quanto mais nos desapegamos, menos medo; quanto menos medo, menos apego. Um círculo virtuoso.

Enriquecer o currículo de leituras que esclareçam as realidades do mundo espiritual do ponto de vista da filosofia, da ciência e da religião, ensinado as crianças desde cedo, no seu universo pre simbólico, a reverenciar o Divino e o Sagrado em tudo e em todos.

Esta, provavelmente, seja a primeira tarefa do educador da compaixão: ensinar a criança a reverenciar e aceitar os eventos da vida com lucidez e alegria. Olhar para a morte sem indiferença, mas também sem medo.

Quando o homem perder o medo de morrer, aprenderá a amar. Porque terá encontrado a alegria na sensação de amor, a plenitude de perceber sem desejo de possuir.

O homem então vai amar sem se deixar escravizar por nada nem por ninguém e também não pensará em fazer escravos.

Neste momento teremos encontrado a nossa dimensão de liberdade, aquela que nos torna verdadeiramente humanos.

Diálogo.

Aprender a dialogar. Sabemos discutir, firmar posições, defender pontos de vista, o que é bem diferente do diálogo.

Dialogar é uma palavra que significa *"colocar em dia"*, *"trazer memórias para o presente"*. Então quando dialogamos com alguém, não sabemos nunca o rumo que aquela conversa vai tomar.

Então começar a falar sobre como está o dia hoje e finalizar a conversa falando de como a nossa avó gostava de torrar café. Mais ou menos isso.

Não há limite para o curso do diálogo. Começamos a falar com uma pessoa em um avião sobre como a temperatura do ambiente está fria, por exemplo. E quando nos despedimos sabemos que essa pessoa nasceu numa cidade próxima onde nós costumávamos passar as férias na infância.

Dialogar é uma arte curadora. É isso. O diálogo cura.

O homem doente da alma faz análises por anos a fio. Passa a conhecer a causa da sua dor. Mas o que o vai curar será o diálogo que mantiver seja com o seu analista, seja com um grande amigo.

O diálogo cura porque é uma conversa que desperta memórias nos seus protagonistas lhes possibilitando fazer releituras dos acontecimentos.

Uma conversa que não desperte memórias não é um diálogo. É qualquer coisa, mas não é um diálogo.

Se as memórias que afloram no diálogo são dolorosas, ao se tornarem presentes, o cérebro ganha nova oportunidade de dar a elas melhor encaminhamento.

O interlocutor do diálogo se tiver afeto em si mesmo, será um agente da cura daquela dor. Se for possível rever a situação difícil com humor saudável, então a cura é garantida.

Um dialogador preparado é o que consegue trazer à tona as memórias mais alegres no seu interlocutor; ou, se as memórias forem dolorosas, ele consegue encontrar uma maneira de apresentar uma releitura daquela experiência que lhe é confiada em diálogo.

O diálogo pode ser quase uma confissão. E às vezes é.

Então, por tudo isso, não pode existir afeto naquele que ainda não aprendeu a dialogar; porque o afeto é o provedor do diálogo.

O diálogo pode estar presente nas rodas de conversa, que são excelentes ferramentas de atendimento comunitário também.

Mas o maravilhoso da Vida, é que existem pessoas hipercapacitadas com o poder de abrandar a energia de uma discussão transformando-a num diálogo! Todos nós deveríamos ter um amigo assim não é?

Empatia.

Ah! A empatia. Trocar de lugar com o outro. Acontece quando, no diálogo alegre, começamos a rir com o interlocutor antes que ele termine a descrição do fato engraçado.

Ou chorar com ele na memória dolorosa.

Rir de verdade; chorar de verdade.

Sentir a sua alegria ou a sua dor como se fosse nossa!

Alteridade.

A palavra que é o sinônimo de *respeito às diferenças!*

Porque devemos combater incansavelmente as desigualdades, mas respeitar eternamente as diferenças.

Não pode haver *igualdade entre os homens* sem atenção para as diferenças de toda a ordem. As diferenças de idade, de sexo, de cor, de crença, de circunstâncias. Tantas são as diferenças quantas as situações que possam surgir gerando vulnerabilidades.

Então, podemos dizer que estamos qualificados como afetuosos quando nossos atos, todos eles, apresentem essas características implícita ou explicitamente.

Porque *o afeto e a afabilidade* são dois substantivos; o primeiro abstrato e o segundo a sua correspondente no concreto.

Além do afeto e da afabilidade, existe uma psicologia que compõe a compaixão. A psicologia da gratidão e da doçura.

A gratidão e a doçura são amigas inseparáveis. Uma provê a outra. A pessoa cheia de graça é doce; a pessoa doce é cheia de graça.

Sabe aquilo de *círculo virtuoso?* Pois é: afeto, afabilidade, gratidão e doçura. Sabe aquilo de andar em dupla? Pois é: afeto e gratidão; afabilidade e doçura.

O afeto e a gratidão são os dois substantivos abstratos porque se referem a sentimentos; e a afabilidade e a doçura são os dois substantivos que dão concretude àqueles dois sentimentos. A afabilidade e a doçura são as expressões no mundo de relação do afeto e da gratidão.

A afabilidade e a doçura são as expressões da fé. Consistem em um olhar diferente sobre a vida; a visão do caminho para endireita-lo.

Existe um texto em O Evangelho Segundo o Espiritismo que é primoroso. Ele se chama: *A afabilidade e a doçura.*[90]Compensa ler e meditar sobre ele.

A afabilidade e a doçura. *A benevolência para com os seus semelhantes, fruto do amor ao próximo, produz a afabilidade e a doçura, que lhe são as formas de manifestar-se. Entretanto, nem sempre há que se fiar nas aparências. A educação e a frequentação do mundo podem dar ao homem o verniz dessas qualidades.*

Quantos há cuja fingida bonomia não passa de máscara para o exterior, de uma roupagem cujo talhe primoroso dissimula as deformidades interiores!

O mundo está cheio dessas criaturas que têm nos lábios o sorriso e no coração o veneno; que são brandas, desde que nada as agaste, mas que mordem à menor contrariedade; cuja língua, de ouro quando falam pela frente, se muda em dardo peçonhento, quando estão por detrás.

A esta classe também pertencem esses homens, de exterior benigno, que, tiranos domésticos, fazem que suas famílias e seus subordinados lhes sofram o peso do orgulho e do despotismo, como a quererem desforrar-se do constrangimento que, fora de casa, se impõem a si mesmos.

Não se atrevendo a usar de autoridade para com os estranhos, que os chamariam à ordem, acham que pelo menos devem fazer-se temidos daqueles que lhes não podem resistir. Envaidecem-se de poderem dizer: "Aqui mando e sou obedecido", sem lhes ocorrer que poderiam acrescentar: "E sou detestado."

Não basta que dos lábios manem leite e mel. Se o coração de modo algum lhes está associado, só há hipocrisia.

Aquele cuja afabilidade e doçura não são fingidas nunca se desmente; é o mesmo, tanto em sociedade, como na intimidade. Esse, ao demais, sabe que se, pelas aparências, se consegue enganar os homens, a Deus ninguém engana. – Lázaro (Paris, 1861)

---

[90]O Evangelho Segundo o Espiritismo. Capitulo IX, 6. Editora FEB..

Os sentimentos de afeto e gratidão constituem estados de alma, níveis de consciência que conferem compreensão dos eventos da vida para que sejam conectados ao propósito do Criador para com a sua Criatura.

Assim sendo, o afeto e a gratidão não envolvem apenas as situações confortáveis, mas igualmente aceitar o propósito qualquer que seja ele, ainda que, num primeiro momento seja gerador de sofrimento. E mais que isso, mesmo sem conseguir identificar o propósito, é ter certeza de que existe um propósito.

A gratidão envolve a certeza de que o mal e a dor são transitórios[91] e que os choques e sofrimentos são estímulos necessários ao desenvolvimento da inteligência e da sensibilidade.

Ser grato envolve o conhecimento da finalidade da posse das coisas enquanto meio de experiência para a evolução; aprender a arte de possuir conforme a Lei e que a cobiça é estratégia enganadora criada pelo orgulho e pelo egoísmo.

Humildade.

Nenhuma das expressões de civilização que enumeramos até aqui, será verdadeira se a alma não tiver acessado, ainda, a plataforma da humildade.

A humildade é condição sem a qual não existe verdadeira civilização porque ela significa entendimento do sentido da vida e submissão a ele.

A alma humilde ultrapassou as fases em que as forças psíquicas convergiam apenas para a sobrevivência e passou a usar seus dons para auxiliar o progresso.

[91] Em tudo dai graças, porque esta é a vontade de Deus em Cristo Jesus para convosco. Paulo, I. Tessalonicenses. 5:18.

Deus não é sentido pelo homem que mantenha em si traços de orgulho e de egoísmo.

A humildade é a provedora da confiança e da fé no futuro porque o homem que a possui consegue facilmente compreender a sua missão, e tudo fará para se manter em alinhamento aos caminhos de sua predestinação.

"Quando se vos diz que a humanidade chegou a um período de transformação e que a Terra tem que se elevar na hierarquia dos mundos, nada de místico vejais nessas palavras; vede, ao contrário, a execução de uma das grandes leis fatais do Universo, contra as quais se quebra toda a má vontade humana."[92]

92 A Gênese. Allan Kardec. São chegados os Tempos. Sinais dos Tempos.8.Editora FEB. 52ª Edição. 2006. Página 480/481.

“(...) Você deve determinar aonde está indo para que possa negociar em seu favor, de modo que não acabe cheio de ressentimento, vingança e crueldade. Você tem que articular os próprios princípios para que se defenda daqueles que querem tirar vantagens indevidas, para que esteja confiante e seguro enquanto trabalha e se diverte. Você deve se disciplinar cuidadosamente. Deve manter as promessas que faz a si mesmo e recompensar-se de modo a confiar em si e se motivar. Você precisa determinar como agir consigo mesmo para que tenha mais chances de se tornar e permanecer sendo uma boa pessoa. Seria bom fazer do mundo um lugar melhor. O Céu, afinal de contas, não chegará por conta própria. Teremos de trabalhar para torna-lo real e nos fortalecer para que possamos resistir aos anjos mortais e à espada flamejante do julgamento de Deus usados para impedir a nossa entrada.”.[93]

[93] PETERSON, Jordan B. 12 Regras para a Vida. Um Antídoto para o Caos. Editora Alta Books. Rio de Janeiro 2018. Página 64.

A CIÊNCIA DO DIREITO

O Direito é a ciência que elabora a compreensão transportando-a do padrão individual para o padrão coletivo, comunitário ou social.

Em sua metafísica, o Direito aborda – por meditação globalizante e para além do pensamento científico empírico - as questões dos valores, da justiça, da solidariedade, da fraternidade e da harmonia nas relações interpessoais.

Cabe ao Direito encontrar a finalidade pragmática para as questões postas e ele mesmo fazer a crítica dela, num círculo de virtudes que permite à humanidade avançar e aprofundar o pensamento no espaço que ocupe sobre a Terra.

Vida, morte, meio ambiente, genética, guerra, paz, conservação, destruição, reprodução, liberdade, igualdade, fraternidade, democracia, aristocracia intelecto-moral: dimensões do direito que são acessadas via despertamento da consciência individual e coletiva.

Porque a mais profunda fonte do Direito é a própria natureza. O Direito natural. Aquele que não está escrito em lugar algum e que transcende os raciocínios mais concretos. A natureza é a nascente fecunda do direito ainda que indisponível para consulta.

Quando a legislação humana se aproxima do direito natural, se aperfeiçoa; quando dele se afasta, torna-se instrumento de perturbação da ordem e desequilíbrio social.

O Direito natural e o Direito positivo.

O Direito natural é a manifestação da Lei de Deus. O Direito positivo é a manifestação do entendimento possível ao homem em determinado tempo e espaço; as leis escritas.

A maturidade do senso moral de uma sociedade vai refletir no conteúdo das relações entre as pessoas que a compõem e nas normas que estabelecem par mantê-las em harmonia.

A expansão da consciência coletiva cria as condições para que o Direito Positivo avance na direção do Direito Natural.

Para Savigny[94], este representante da escola história do direito, os fatos jurígenos, antecedem as leis; são as relações entre as pessoas as provedoras dos instrumentos de ajustes dos conflitos oriundos dessas mesmas relações.

Sempre que a lei segue esse curso normal, ela cumpre melhor o seu papel.

---

94 Friedrich Karl Von Savigny (1779-1861). Ministro para legislação da Prússia. Representante máximo da Escola Histórica. Emprega pela primeira vez a expressão *ciência do direito*. Determina a busca do jurídico onde ele se dê concretamente: na experiência jurídica dos povos. *"(...) a formação do direito se faz tão sutilmente, tão livre de dificuldades como a formação da linguagem; não exige esforço, nem luta, nem sequer elucubrações – é a força tranquilamente ativa da verdade que sem esforço violento, lenta mas seguramente, segue seu curso; é o poder da convicção a que se submetem as almas e que elas exprimem pelos seus atos."*

As chamadas ideias progressistas hão defendido que a lei deve ser escrita com a finalidade de modificar a realidade. Que os rumos da sociedade devem ser designados pelas pessoas que *supostamente* estariam mais habilitadas na compreensão do que é o bem comum.

Isso não é verdade simplesmente porque nenhum grupo está habilitado a ditar os rumos que os outros seguirão.

A história relata com as leis somente se mostram eficazes quando refletem a experiência jurídica social da comunidade para a qual se dirige. Quando ela venha a posteriori para atender um anseio ou uma necessidade.

O motivo pelo qual as *ideias progressistas não prosperam* é o fato natural de o processo de expansão da consciência coletiva no sentido da ética e da moral, provedoras do direito, antecede a sua normativa.

O direito positivo é esse andar da carruagem nos caminhos iluminados pela consciência que desperta.

A aproximação do direito positivo com o direito natural para a melhoria das leis possui seus críticos como é de se esperar.

Há os que defendem a luta das classes para a conquista da paz, e quem representa este pensamento é o cientista do direito, Ihering[95].

Para Jean Jacques Rousseau as leis objetivam sim a paz, e não a virtude, mas precisam estar assentadas na virtude para que ocorra a paz.

95 Rudolf Von Ihering (1818-1892). Aluno da escola histórica se torna seu crítico contumaz. *"Não raro determinadas instituições jurídicas condenadas pela opinião pública ou pelo sentimento jurídico de um povo, consegue sobreviver muito tempo. O que as mantém em vigor não é a força da inércia da História, mas força da resistência dos interesses defendendo a sua posse. (...)A vida do direito é uma luta: luta dos povos, do Estado, das classes de indivíduos. (...) A paz é o fim que o direito tem em vista e a luta é o meio de que serve para o conseguir..."*

Porque a paz decorre da transcendência no entendimento do que seja o próprio dever. A paz transcende para a realização do amor nas obras de proteção aos iguais na espécie humana.

A transcendência do direito positivo é o direito natural.

Por isso que Jesus falou para além da Justiça: falou ao Amor, à Caridade.

Leis Divinas ou naturais

As leis naturais podem ser divididas do ponto de vista didático, em duas categorias: as leis da física presidindo os fenômenos de alçada da ciência material, e as leis morais, presidindo os fenômenos sociais.[96]

São dez as leis morais que, também didaticamente podemos relacionar: *lei de adoração; trabalho; reprodução; conservação; destruição; sociedade; progresso; igualdade; liberdade; justiça amor e caridade.*[97] Esta última resume as demais. Assim sendo, vamos considera-la para nossas análises.

Justiça, amor e caridade.

A Justiça é o reconhecimento o respeito e a responsabilidade para com os direitos individuais e coletivos. O mesmo que desejar e fazer aos outros, o que se quer para si mesmo.

---

[96] O Livro dos Espíritos. Allan Kardec. Editora FEB. Questão 671 As leis divinas, que é o que compreendem no seu âmbito? Concernem a alguma outra coisa, que não somente ao procedimento moral?
"Todas as da Natureza são leis divinas, pois que Deus é o autor de tudo. O sábio estuda as leis da matéria, o homem de bem estuda e pratica as da alma."
a) Dado é ao homem aprofundar umas e outras?
"É, mas uma única existência não lhe basta para isso"
(...) Entre as leis divinas, umas regulam o movimento e as relações da matéria bruta: ***as leis físicas****, cujo estudo pertence ao domínio da Ciência.*
As outras dizem respeito especialmente ao homem considerado em si mesmo e nas suas relações com Deus e com seus semelhantes. Contêm as regras da vida do corpo, bem como as da vida da alma: são as leis morais.

[97] O Livro dos Espíritos. Parte Terceira.

Temos na justiça a espistemologia cristã.

> *"...A sublimidade da religião cristã está em que ela tomou o direito pessoal por base do direito do próximo"*[98]

O Amor é o reconhecimento, o respeito e a responsabilidade para com as diferenças entre os seres humanos. Desejar o bem para todos. Proteger as diferenças para que todos usufruam dos bens e serviços úteis. Aí está a metodologia cristã.

> *"...Os direitos naturais são os mesmos para todos os homens,(...) Deus não fez uns de limo mais puro do que o de que serviu para fazer os outros, e todos, aos seus olhos são iguais. Esses direitos são iguais...*[99]

A Caridade é o movimento sacrificial que se realiza para a garantia do direito do outro. É a proteção integral do irmão em humanidade. É um estado constante de transcendência dos padrões comuns da civilização.

> *"Benevolência para com todos; indulgência para com as imperfeições alheias; perdão das ofensas.* [100]

Leis Humanas - Gerações do Direito

O pensamento jurídico na civilização atual avançou cinco gerações de conhecimento.

É praticamente consenso que o homem já aprofundou o seu entendimento a respeito desses cinco temas a ponto de se tornarem orientadores para as relações entre as pessoas e os povos: 1 – *liberdade;* 2 – *igualdade;* 3 – *fraternidade;* 4 - *meio ambiente;* 5 - *democracia.*

---

[98] O Livro dos Espíritos. Allan Kardec. Editora FEB. Comentários à questão 876.

[99] __ Questão 878.

[100] __ Questão 886.

A compreensão desses conceitos significa amadurecimento do senso ético e moral e alargamento das percepções para a realização dos valores humanos civilizatórios.

Liberdade: direito de primeira geração

A liberdade é o entendimento coletivo dos povos de que o poder governante não é mais absoluto e as intervenções na esfera individual e privada estão limitadas ao atendimento do interesse público.
É um conceito metafísico, mas passível de ser mensurado. Quanto mais aprofundamento desse entendimento, menos interferência do poder dominante, mais liberdade individual. Assim caminha a humanidade. Exatamente nessa direção e nesse sentido. A força das coisas. O progresso, a evolução universal, que é uma lei natural.

A liberdade individual frente ao Estado é a primeira dimensão do direito a ser reconhecida. Jean Jacques Rousseau é o filósofo que personaliza o conceito de liberdade associando-o à importância do homem ter suas necessidades atendidas a fim de que se sinta livre.

Entretanto, paradoxalmente, quando este mesmo homem começa a ter suas necessidades atendidas, passa a ser possuído por desejos outros que vão gerar novas necessidades, muitas delas supérfluas. Para atende-las se submeterá a regras que aos poucos o vão subjugar.

Este é o grande paradoxo da civilização.

Então o homem entrega o poder que exercia sobre si mesmo para outras pessoas decidirem por ele o que é melhor para ele. Aprisiona-se de tal forma ao conforto que fará qualquer coisa para mantê-lo.

E entrega a direção da sua vida para outras pessoas. Entretanto, o homem que tenha se acostumado a ser dirigido por outras mentes, dificilmente recupera a sua primitiva relação consigo mesmo. Ele não volta para a dimensão de liberdade. E assim perde a sua principal característica: a humanidade.

Uma vez acostumados a ter senhores, os povos não são mais capazes de dispensá-los, adverte Rousseau[101]

Para Rousseau, através de um contrato social, o homem retomaria o seu processo de liberdade natural; necessitará então da educação para se curar do trauma do cativeiro.

Esse processo de cura pode levar gerações.

A liberdade para Viktor Frankl[102] é a dimensão em que o Ser realiza a sua humanidade.

Entretanto ele está abordando a plataforma transpessoal do Ser. A liberdade *para* algo e não apenas a liberdade *de* algo.

Na transcendência, o Ser é sempre livre ainda que subjugada pelas circunstâncias. É a dimensão em que os valores podem ser realizados e não apenas refletidos ou contemplados.

A liberdade que é exercida conscientemente e que é geradora de responsabilidade.

Com certeza Rousseau visualizou essa dimensão de liberdade:.*"*[103].

---

101 A origem das desigualdades entre os homens. Jean Jacques Rousseau. Discurso à República de Genebra.

102 Viktor Emil Frankl (1905 – 1997) foi um neuropsiquiatria austríaco. Fundador da terceira escola vienense de psicoterapia. A Logoterapia.

103 Jean Jacques Rousseau. Obra citada. Discurso à República de Genebra. *"... eu teria escolhido aquela em que os particulares, contentando-se em sancionar as leis e decidir em conjunto e com base no relatório dos chefes os assuntos públicos mais importantes, estabelecessem tribunais respeitados, distinguissem com*

Rousseau percebeu um padrão transcendente à própria democracia: a **aristocracia intelecto moral**. Este conceito o Espiritismo veio relembrar e aprofundar porque é o que Jesus preconizou há dois mil anos.

A aristocracia intelecto moral é o governo dos melhores capacitados sob todos os aspectos. As pessoas que possuam as reais condições de guiar seus irmãos. Aqueles que reflitam em seus atos públicos e privados as virtudes que a sociedade almeja alcançar coletivamente.

Igualdade: direito de segunda geração.

A igualdade passa a ser percebida enquanto um direito a ser garantido no momento em que os homens consigam reconhecer as diferenças que existem entre os indivíduos respeitando e protegendo-as em nome da origem comum de todos os homens.

Somos diferentes por incontáveis fatores; inclusive por circunstâncias reencarnatórias cujos planejamentos são traçados a partir das diretrizes de Mais Alto.

Então, o estudo das diferenças em todos os seus aspectos que sejam causa de vulnerabilidades, é fundamental.

Este conhecimento – das diferenças existentes entre os homens - deve compor outro estudo: o das causas primárias desigualdades para o fim de combatê-las.

Mas as desigualdades são estados desencadeados pelo orgulho e pelo egoísmo. Aí as causas primárias.

---

*cuidado os diversos departamentos destes, elegessem todo ano os mais capazes e os mais íntegros concidadãos para ministrar a Justiça e governar o Estado, e em que, **a virtude dos magistrados** atestando assim a sabedoria do povo, uns e outros se honrassem mutuamente".*

Rousseau enfatiza que o homem precisa conhecer a si mesmo para conhecer a fonte das desigualdades entre os homens[104]

> *"... Porque como conhecer a fonte da desigualdade entre os homens se não começar por conhecer a si mesmos? E como o homem seria capaz de se ver tal como a natureza o formou, através de todas as mudanças que a sucessão dos tempos e das coisas devem ter produzido em sua constituição original e separar o que ele traz de seu próprio patrimônio daquilo que as circunstâncias e seus progressos acrescentaram ou mudaram em seu estado primitivo? Tal como a estátua de Glauco, que o tempo, o mar e as tempestades haviam desfigurado tanto que parecia menos um deus do que uma fera, a alma humana, alterada no seio da sociedade por mil causas que renascem sem cessar, pela aquisição de uma multidão de conhecimentos e de erros, pelas mudanças ocorridas na constituição do corpo e pelo choque contínuo das paixões, mudou por assim dizer de aparência a ponto de ficar quase irreconhecível; e já não encontramos nela – em vez de um ser agindo sempre de acordo com os princípios corretos e invariáveis, em vez dessa celeste e majestosa simplicidade com que seu Autor a tinha marcado – senão o disforme contraste da paixão que crê raciocinar e do entendimento delirante*

Por isso Rousseau está certo no entendimento de que primeiramente se deva conhecer a si mesmo. É quem se conhecer não é possível se amar, e por consequência *amar ao próximo como a si mesmo.*

Se me amo e amo ao meu próximo lutarei para que ele obtenha acesso a todos os bens e serviços que eu mesmo já tenha alcançado, ou que lutemos juntos por um mundo cada vez melhor e mais bem equipado de oportunidades.

104 Jean Jacques Rousseau. Obra citada. Prefácio."

Em outras palavras, a igualdade está na razão direta do combate ao egoísmo. E o egoísmo se combate com a educação.

Os Espíritos nobres dizem que só a *educação* será capaz de modificar o homem para melhor[105].

A educação é aquele fio condutor que reencontrará o princípio da igualdade perdido nos primórdios da civilização.

Fraternidade: direito de terceira geração.

A fraternidade é a presença efetiva do valor de atitude nas relações e na convivência.

A fraternidade é provida pela compreensão da igualdade que em si mesma é uma abstração acessada pela filosofia. Então a igualdade vai encontrar resultado no valor da atitude em favor do *diferente* para que ele encontre os meios de acessar os bens e os serviços a que faz jus na sociedade que integra.

Por isso que, enquanto a igualdade pode permanecer no mundo das ideias, a fraternidade só faz sentido quando realização concreta no mundo das relações.

A fraternidade então é este valor de atitude. Seguramente o ato de virtude mais nobre que o homem possa realizar.

O valor da fraternidade se estrutura nos princípios da liberdade e da igualdade. Porque para realizar os atos fraternais verdadeiros, é preciso ser livre na compreensão de que somos todos iguais em humanidade.

A expansão da consciência jurídica no Brasil e no mundo.

---

[105] O Livro dos Espíritos. Allan Kardec. Editora FEB. Questão 796. *"Uma sociedade depravada certamente precisa de leis severas. Infelizmente, essas leis mais se destinam a punir o mal depois de feito, do que a lhe secar a fonte.* ***Só a educação poderá reformar os homens,*** *que, então, não precisarão mais de leis tão rigorosas".*

A revolução francesa repercute no Brasil criando o ambiente intelectual e moral necessário para que as ideias de liberdade, igualdade e fraternidade sustentassem em terras mineiras o movimento da Inconfidência.

Estamos às voltas com as ideias que fermentadas por todo o século XVIII para eclodirem no de 1789 dando vazão à revolução que mudaria o mundo para sempre.

Entretanto, pelo que seguiu após a vitória, os homens que defenderam a bandeira da Revolução Francesa, se esqueceram de incorporar em si mesmos, enquanto indivíduos, os mesmos ideais pelos quais lutaram.

Aqueles revolucionários puderam sim perceber o prenúncio de uma era nova, um tempo de retomada da liberdade perdida em algum ponto do processo da evolução.

Entretanto não fora construída a tempo, para aquelas almas, base educacional que deveria acompanhar as conquistas dos ideais para que eles não se perdessem novamente na virilidade do mundo europeu.

Modificada que foi, a estrutura do governo, as práticas demonstraram que os ideais não haviam sido percebidos por todos da mesma forma.

Mas o recado para o mundo estava dado.

A consciência coletiva do povo europeu se impregnou das ideias novas e a sua influência extrapolou continentes e se fez sentir no Brasil com o movimento da Inconfidência Mineira.

A humanidade passou a meditar e desejar a liberdade, a igualdade e a fraternidade mesmo sem saber como realizar esses ideais.

Os ideais de liberdade do povo brasileiro

A força das coisas é inexorável. O homem avança para a frente e para o alto apesar de si mesmo, impulsionado por esta quinta força, que dá estabilidade aos sistemas biológicos e aos sistemas sociais. A força invisível das coisas. A lei do progresso. A lei da evolução universal que segue altaneira independentemente do desejo dos homens.

Um povo analfabeto, simples, e muito feliz, viu aportar algumas caravelas repletas de pessoas que fugiam das hostes de Napoleão.
O interessante Dom João VI, e sua coorte, por uma circunstância que ele jamais desejou, visita a Colônia situada na linha do equador. O horror ao Corso conquistador foi o elemento definidor para levar aqueles nobres portugueses a saírem apressadamente do conforto e da estrutura civilizatória que lhes permitia mimarem-se uns aos outros.

Assim, aquelas mulheres de pele branca, e cabeças raspadas em razão das infestações de piolhos que atacaram as Naus Portuguesas, desceram nos cais dos portos de Salvador e do Rio de Janeiro, trazendo uma nova moda: a dos turbantes femininos, que foram imediatamente copiadas pelas lindas morenas do lugar, que os eternizaram em cores vibrantes que até hoje fazem parte do visual brasileiro.

Detalhes à parte, já em 22 de janeiro de 1808, o Rei Dom João VI decreta a abertura de todos os portos da Colônia para o comércio universal.

Em 1º de abril de 1808, as indústrias brasileiras são declaradas livres.

Iniciava-se um novo período construtivo para o Brasil.

Treze anos depois, quando Dom João VI embarca de retorno a Portugal, em março de 1821, a consciência de liberdade e sensação de autonomia do povo brasileiro estava impregnada em cada um dos habitantes da Colônia.

Nenhum brasileiro suportaria mais a voltar à condição de colônia de Portugal.

O próprio Dom João VI recomenda ao seu filho, Dom Pedro I, que cuidasse para que se fosse inevitável a separação do Brasil de Portugal - como ele sabia que seria - que fosse antes para ele, seu filho, que o respeitaria do que para algum desses aventureiros.

A independência do Brasil e a presença da Espiritualidade.

Em 03 de junho de 1822 Dom Pedro I edita um Decreto Real convocando uma Assembleia Geral Constituinte e Legislativa, sinalizando para a emancipação política do Brasil.

Em 1º de agosto de 1822 edita outro Decreto Real pelo qual declara inimigas as tropas portuguesas enviadas com o objetivo de recolonizar o Brasil.

Esses fatos concretos e inequívocos já eram suficientes para o reconhecimento da independência do Brasil.

Entretanto foi a data de 07 de setembro de 1822 que passou à história como o marco definidor da libertação do Brasil do jugo político e administrativo de Portugal.

A Espiritualidade Nobre, pelas abençoadas mãos de Francisco Candido Xavier nos esclarecem que a 07 de setembro de 1822:

> *"... **Tiradentes (Espírito)** acompanhou o príncipe nos seus dias faustosos, de volta ao Rio de Janeiro.*

> *Um correio providencial leva ao conhecimento de D. Pedro as novas imposições das Cortes de Lisboa e ali mesmo, nas margens do Ipiranga, quando ninguém contava com essa última declaração sua, ele deixa escapar o grito de* ***"Independência ou Morte!"****,sem suspeitar que era dócil instrumento de um emissário invisível, que velava pela grandeza da pátria.*
>
> ***Eis porque o 7 de Setembro, com escassos comentários da história oficial*** *que considerava a independência já realizada nas proclamações de 1º de agosto de 1822, passou à memória da nacionalidade inteira como o Dia da Pátria e data inolvidável da sua liberdade.*
>
> *Esse fato, despercebido da maioria dos estudiosos, representa a adesão intuitiva do povo aos elevados desígnios do mundo espiritual."*[106]

Dom Pedro I assume o controle do Governo Brasileiro com a uma tarefa prioritária: viabilizar uma Constituição.

É interessante observar que o povo brasileiro era majoritariamente analfabeto; mas todos desejavam uma Constituição.

A via mais eficaz de acesso ao conhecimento é a intuição.

E, pela intuição, todos sabiam que uma Constituição significava conquista de mais um patamar de liberdade.

Em 11 de março de 1824, promulga-se a primeira Carta Constitucional.

Ela reflete forte presença da Igreja Católica como consequência natural da história do nosso processo de colonização.

---

[106] XAVIER, Francisco Cândido. Brasil Coração do Mundo e Pátria do Evangelho, pelo Espírito Humberto de Campos. ed. Rio de Janeiro: FEB,2000. Cap. XIX, p. 158/129)

Por outro lado, ficou evidente que havíamos avançado consideravelmente em nossa consciência de liberdade.

A partir deste ponto, eu preferi transcrever partes que julguei importante de textos legais para que o leitor tivesse acesso direito ao conteúdo que fala por si mesmo. Na condição de jurista eu tenho especial gosto pelo texto legal puro. Mas sei que nem todos partilham desse sentimento. Mas pode ser interessante fazer a correlação entre eles e ver como consciência jurídica foi se modificando de acordo com a geração à qual se destinava ordenar.

> *"**Em nome da Santíssima Trindade.***
> *TITULO 1º*
> *Do Imperio do Brazil, seu Territorio, Governo, Dynastia, e Religião.*
> *Art. 5. A Religião Catholica Apostolica Romana continuará a ser a Religião do Imperio. Todas as outras Religiões serão permittidas com seu culto domestico, ou particular em casas para isso destinadas, sem fórma alguma exterior do Templo.*
> *Art. 179. A inviolabilidade dos Direitos Civis, e Politicos dos Cidadãos Brazileiros, que tem por base a liberdade, a segurança individual, e a propriedade, é garantida pela Constituição do Imperio, pela maneira seguinte.*
> *XIX. Desde já ficam abolidos os açoites, a tortura, a marca de ferro quente, e todas as mais penas crueis.*
> *XX. Nenhuma pena passará da pessoa do delinquente. Por tanto não haverá em caso algum confiscação de bens, nem a infamia do Réo se transmittirá aos parentes em qualquer gráo, que seja.*
> *XXI. As Cadêas serão seguras, limpas, o bem arejadas, havendo diversas casas para separação dos Réos, conforme suas circumstancias, e natureza dos seus crimes.*[107]

O primeiro Código Criminal do Império data de 16 de dezembro de 1830

Este Código Penal, promulgado pouco antes de Dom Pedro I deixar o Brasil, reflete uma avançada percepção humanista tendo sido inspirado nos conceitos do iluminismo.

---

[107] Constituição de 11 de março de1824 - Registrada na Secretaria de Estado dos Negocios do Imperio do Brazil a fls. 17 do Liv. 4º de Leis, Alvarás e Cartas Imperiaes. Rio de Janeiro em 22 de Abril de 1824.

Esse Código vigeu até 1890 e impressionou o mundo jurídico tendo sido fonte inspiradora para outros países.

> ***Lei de 16 de dezembro de 1830*** - *Manda executar o Codigo Criminal.*
> *D. Pedro por Graça de Deus, e Unanime Acclamação dos Povos, Imperador Constitucional, e Defensor Perpetuo do Brazil:*
> *Fazemos saber a todos os Nossos subditos, que a Assembléa Geral Decretou, e Nós Queremos a Lei seguinte.*
> *CODIGO CRIMINAL DO IMPERIO DO BRAZIL PARTE PRIMEIRA*
> *Dos Crimes, e das Penas*
> *TITULO Dos Crimes*
> *CAPITULO I DOS CRIMES, E DOS CRIMINOSOS*
> *Art. 1º Não haverá crime, ou delicto (palavras synonimas neste Codigo) sem uma Lei anterior, que o qualifique.*
> *Art. 2º Julgar-se-ha crime, ou delicto:*
> *1º Toda a acção, ou omissão voluntaria contraria ás Leis penaes.*
> *2º A tentativa do crime, quando fôr manifestada por actos exteriores, e principio de execução, que não teve effeito por circumstancias independentes da vontade do delinquente. (...)*
> *3º O abuso de poder, que consiste no uso do poder (conferido por Lei) contra os interesses publicos, ou em prejuizo de particulares, sem que a utilidade publica o exija.*
> *4º A ameaça de fazer algum mal a alguem.*
> *Art. 3º Não haverá criminoso, ou delinquente, sem má fé, isto é, sem conhecimento do mal, e intenção de o praticar. (...)*

Processo de emancipação do Brasil.

Jesus mantém-se à frente do processo de emancipação do Brasil.

Dom Pedro II é convocado para a missão de firmar nas mentes vacilantes do povo brasileiro, os conceitos de liberdade, igualdade e fraternidade.

É assim que o Governador do nosso Planeta, Jesus, estabelece o inesquecível diálogo com *Gaius Cassus Longinus.* Assim como fiz nos textos legais, para poupar o leitor que desejasse conhecer em detalhes o teor deste momento, eu os transcrevi naquilo que julguei mais importante.

*" __**Longinus**, entre as nações do orbe terrestre, organizei o Brasil como o coração do mundo.*

Minha assistência misericordiosa tem velado constantemente pelos seus destinos e, inspirando a Ismael e seus companheiros do Infinito, consegui evitar que a pilhagem das nações ricas e poderosas fragmentasse o seu vasto território, cuja configuração geográfica representa o órgão do sentimento no planeta, como um coração que deverá pulsar pela paz indestrutível e pela solidariedade coletiva e cuja evolução terá de dispensar, logicamente, a presença contínua dos meus emissários para a solução dos seus problemas de ordem geral.

Bem sabes que os povos têm a sua maioridade, como os indivíduos, e se bem não os percam de vista os gênios tutelares do mundo espiritual, faz-se mister se lhes outorgue toda a liberdade de ação, a fim de aferirmos o aproveitamento das lições que lhes foram prodigalizadas.

"Sente-se o teu coração com a necessária fortaleza para cumprir uma grande missão na Pátria do Evangelho?"

Senhor __ respondeu Longinus, num misto de expectativa angustiosa e de refletida esperança __ bem conheceis o meu elevado propósito de aprender as vossas lições divinas e de servir à causa das vossas verdades sublimes, na face triste da Terra.

Muitas existências de dor tenho voluntariamente experimentado, para gravar no íntimo do meu espírito a compreensão do vosso amor infinito, que não pude entender ao pé da cruz dos vossos martírios no Calvário, em razão dos espinhos da vaidade e da impenitência, que sufocavam, naquele tempo, a minha alma.

Assim, é com indizível alegria, Senhor, que receberei a vossa incumbência para trabalhar na terra generosa, onde se encontra a árvore magnânima da vossa inesgotável misericórdia. Seja qual for o gênero de serviços que me forem confiados, acolherei as vossas determinações como um sagrado ministério.

__ Pois bem __ redarguiu Jesus com grande piedade __ essa missão, se for bem cumprida por ti, constituirá a tua última romagem pelo planeta escuro da dor e do esquecimento.

A tua tarefa será daquelas que requerem o máximo de renúncias e devotamentos.

Serás Imperador do Brasil, até que ele atinja a sua perfeita maioridade, como nação.

Concentrarás o poder e a autoridade para beneficiar a todos os seus filhos.

Não é preciso encarecer aos teus olhos a delicadeza e a sublimidade desse mandato, porque os reis terrestres, quando bem compenetrados das suas elevadas obrigações diante das leis divinas, sentem nas suas coroas efêmeras um peso maior que o das algemas dos forçados.

(...) Dos teus esforços se exigirá mais de meio século de lutas e dedicações permanentes.

Inspirarei as tuas atividades, mas, considera sempre a responsabilidade que permanecerá nas tuas mãos.

Ampara os fracos e os desvalidos, corrige as leis despóticas e inaugura um novo período de progresso moral para o povo das terras do Cruzeiro.

Institui, por toda a parte, o regime do respeito e da paz, no continente, e lembra-te da prudência e da fraternidade que deverá manter o país nas suas relações com as nacionalidades vizinhas.

Nas lutas internacionais, guarda a tua espada na bainha e espera o pronunciamento da minha justiça, que surgirá sempre, no momento oportuno.

(...) Procura aliviar os padecimentos daqueles que sofrem nos martírios do cativeiro, cuja abolição se verificará nos últimos tempos do teu reinado.

Tuas lides terminarão no fim deste século, e ***não deves esperar a gratidão dos teus contemporâneos;*** *ao fim delas, serás alijado da posição por aqueles mesmos a quem proporcionares os elementos de cultura e liberdade.*

As mãos aduladoras, que buscarem a proteção das tuas, voltarão aos teus palácios transitórios, para assinar o decreto da tua expulsão do solo abençoado, onde semearás o respeito e a honra, o amor e o dever, com as lágrimas redentoras dos teus sacrifícios.

Contudo, amparar-te-ei o coração nos angustiosos transes do teu último resgate, no planeta das sombras.

Nos dias da amargura final, minha luz descerá sobre os teus cabelos brancos, santificando a tua morte.

Conserva as tuas esperanças na minha misericórdia, porque, se observares as minhas recomendações não cairá uma gota do teu sangue no instante amargo em que experimentares o teu coração igualmente trespassado pelo gládio da ingratidão.

A posteridade, porém, saberá descobrir as marcas dos teus passos na Terra, para se firmar no roteiro da paz e da missão evangélica do Brasil.[108]

A proclamação da república em 1889.

Conforme previra o Mestre Jesus, cumprida a missão, Dom Pedro II seria convidado a deixar a Pátria Amada.
A nação brasileira passa a ser dirigida por uma elite intelectual cuja primeira preocupação seria desvincular o Estado da Religião.

A Constituição de 1891 declara o Estado laico, sendo livres as manifestações religiosas.

Rui Barbosa é o relator da primeira constituição republicana.

> *"Nós, os representantes do povo brasileiro, reunidos em Congresso Constituinte, para organizar um regime livre e democrático, estabelecemos, decretamos e promulgamos a seguinte* CONSTITUIÇÃO DA REPÚBLICA DOS ESTADOS UNIDOS DO BRASIL
> *Art 72 - A Constituição assegura a brasileiros e a estrangeiros residentes no País a inviolabilidade dos direitos concernentes à liberdade, à segurança individual e à propriedade, nos termos seguintes:*
> *§ 3º - Todos os indivíduos e confissões religiosas podem exercer pública e livremente o seu culto, associando-se para esse fim e adquirindo bens, observadas as disposições do direito comum.*
> *§ 8º - A todos é lícito associarem-se e reunirem-se livremente e sem armas; (...).*
> *§ 20 - Fica abolida a pena de galés e a de banimento judicial.*
> *§ 21 - Fica, igualmente, abolida a pena de morte, reservadas as disposições da legislação militar em tempo de guerra.*
> *§ 22 - Dar-se-á o habeas corpus , sempre que o indivíduo sofrer ou se achar em iminente perigo de sofrer violência ou coação por ilegalidade ou abuso de poder.* [109]

Legislação posterior à proclamação da República

O processo de aprimoramento do pensamento jurídico seguiu seu curso e listamos as principais expressões dele, tanto no Brasil, quanto no mundo.

---

[108] XAVIER, Francisco Cândido. Brasil Coração do Mundo e Pátria do Evangelho, pelo Espírito Humberto de Campos. ed. Rio de Janeiro: FEB,2000. Cap. XX, p. 162,163, 165 e 166

[109] Constituição de 1891 - Sala das Sessões do Congresso Nacional Constituinte, na Cidade do Rio de Janeiro, em 24 de fevereiro de 1891, 3º da República.

1916 – Código Civil Brasileiro (Clóvis Beviláqua)
1917 - Carta Mexicana – direitos sociais de 2ª geração
1919 - Organização Internacional do Trabalho
1919 - Constituição de Weimar – Alemanha – direitos sociais de 2ª geração
1930 - Fim da I República – Início da Era Vargas – 1930 (vácuo constitucional até 1934)
1934 - Constituição de 16/07/1934
1937 - Constituição de 10/11/1937 (Outorgada pelo Presidente da República Getulio Vargas)
1940 – Código Penal Brasileiro - decreto-lei nº 2.848, de 7 de dezembro de 1940
1946 - Constituição de 18/07/1946 (Final da 2ª Grande Guerra)
1964 a 1985 - 31/03/1964 a 1985 – Regime militar
1967 - Constituição de 24/01/1967;
1968 - Ato Institucional nº 5 de 13/12/1968; AI 6 a 17/1968;
1969 - Emenda Constitucional nº 1 de 17/10/1969
(...) Até 1985 – Regime Militar

A instabilidade das leis humanas

As Leis que o homem promulga são instáveis porque elas sofrem as contínuas modificações que ocorrem na percepção da ética e da moral da sociedade a que se dirigem.

Allan Kardec se ocupou deste assunto e fez vários questionamentos aos Imortais.

> *Nas épocas de barbaria, são os mais fortes que fazem as leis e eles as fizeram para si.*
> *À proporção que os homens foram compreendendo melhor a justiça, indispensável se tornou a modificação delas.*
>
> *Quanto mais se aproximam da vera justiça, tanto menos instáveis são as leis humanas, isto é, tanto mais estáveis se vão tornando, conforme vão sendo feitas para todos e se identificam com a lei natural.* [110]
>
> ***Severidade das leis penais***

[110] O Livro dos Espíritos. Allan Kardec. Editora FEB. Questão 795.

*Uma sociedade depravada certamente precisa de leis severas. Infelizmente, essas leis mais se destinam a punir o mal depois de feito, do que a lhe secar a fonte. ´**Só a educação** poderá reformar os homens, que, então, não precisarão mais de leis tão rigorosas*[111].

Como o homem poderá ser levado a reformar suas leis?

Isso ocorre naturalmente, pela força mesma das coisas e da influência das pessoas de bem que o guiam na senda do progresso. Muitas já ele reformou e muitas outras reformará. Espera! [112]

A Constituição de 1988.

O Brasil viveu duas décadas em que por razões políticas que merecem análise que não faremos neste livro, podemos definir como especialmente difíceis do ponto de vista das liberdades individuais.

A Constituição então foi gestada por vinte anos mais ou menos em um ambiente propício a que se fosse de um extremo para outro, o que é natural e esperado.

A opressão vai gerar a reação em sentido contrário e na mesma intensidade.

Mas deixemos para outro momento a compreensão do contexto e do produto deste emaranhado de ondas e vibrações de todos os viés e matizes.

Podemos dizer que saímos do Império com uma Constituição com forte viés religioso, mas com avanços importantes nas garantias dos direitos humanos e individuais.

---

111 __idem. Questão 796.

112 __idem. Questão 797.

Na República preferimos o caminho da desconexão do Estado com a religião num franco sinal de despertamento para a diversidade de ambos os saberes e que eles não poderiam conviver na regulação das relações do homem com o homem e do homem com Deus.

No dia 05 de outubro de 1988, nós preferimos o caminho do meio no tocante à relação com Deus, e então Ele volta para o texto da Constituição.
Podemos dizer que, realizar ações fundamentados na ideia de Deus é constitucional.

> *"Nós, os representantes do povo brasileiro, reunidos em Assembleia Nacional Constituinte para instituir um Estado Democrático, destinado a assegurar o exercício dos direito sociais e individuais, a liberdade, a segurança, o bem estar, o desenvolvimento, a igualdade e a justiça como valores supremos de uma sociedade fraterna, pluralista e sem preconceitos, fundada na harmonia social e comprometida, na ordem interna e internacional, com a solução pacífica das controvérsias, promulgamos,* ***sob a proteção de Deus,*** *a seguinte Constituição da República Federativa do Brasil.*
>
> *Art. 193 – A ordem social tem como base o primado do trabalho e como objetivo o bem estar e a justiça sociais. Art. 203 – A assistência social será prestada a quem dela necessitar, independentemente de contribuição à seguridade social e tem por objetivos: (Brasília, 5 de outubro de 1988.)*[113]

[113] Constituição da República Federativa do Brasil. Assinam: Ulysses Guimarães , Presidente - Mauro Benevides , 1.º Vice-Presidente - Jorge Arbage , 2.º Vice-Presidente - Marcelo Cordeiro , 1.º Secretário - Mário Maia , 2.º Secretário - Arnaldo Faria de Sá , 3.º Secretário - Benedita da Silva , 1.º Suplente de Secretário - Luiz Soyer , 2.º Suplente de Secretário - Sotero Cunha , 3.º Suplente de Secretário - Bernardo Cabral , Relator Geral - Adolfo Oliveira , Relator Adjunto - Antônio Carlos Konder Reis , Relator Adjunto - José Fogaça , Relator Adjunto

Decorrentes da Constituição de 1988 nosso ordenamento jurídico se enriqueceu com outras Leis Complementares e Ordinárias, tais como: Estatuto da Criança e do Adolescente; Lei da Improbidade Administrativa; Lei das Licitações Públicas; Lei Orgânica da Assistência Social; Lei das Organizações Sociais de Interesse Público; Novo Código Civil Brasileiro; Estatuto do Idoso; Estatuto do Jovem, e outras emendas importantes.

O que o que não falta para o Brasil são as ideias e os conceitos transformados em leis.

No concernente às políticas públicas de assistência social, a palavra **proteção** aparecerá inúmeras vezes.

No que diga respeito às vulnerabilidades, no Brasil, estamos no patamar da **proteção social**.

Com este trabalho, procuramos pensar sobre que talvez já tenhamos condições de avançar um pouco mais para alinhar a **educação** com a **proteção social,** unindo essas duas frentes para o enfrentamento mais eficaz da miséria e da pobreza.

Podemos chamar este próximo degrau de **proteção social plena.**

"(...) **A conversa e o caminho.** O último tipo de conversa, equivalente a escutar, é uma forma de exploração mútua. Ele requer verdadeira reciprocidade por parte de quem está falando e ouvindo. Permite a todos os participantes expressarem e organizarem seus pensamentos. Uma conversa de exploração mútua tem um tópico, geralmente complexo, de interesse genuíno dos participantes. Todos os participantes estão tentando resolver um problema em vez de insistir na validade a priori das próprias posições. Todos estão agindo de acordo com a premissa de que têm algo a aprender. Esse tipo de conversa constituiu filosofia ativa, a forma mais elevada de pensamento e a melhor preparação para viver da maneira adequada. (...) *É como se você escutasse a si mesmo durante cada conversa assim como escuta a outra pessoa.* (...) Portanto, escute aqueles com quem está conversando e a si mesmo. Sua sabedoria consistirá então não no conhecimento que já possui, mas na busca contínua por conhecimento, a forma mais elevada de sabedoria. (...) Presuma que a pessoa com quem está conversando possa saber algo que você não sabe."[114]

---

114 PETERSON, Jordan B. 12 Regras para a Vida. Um Antídoto para o Caos. Editora Alta Books. Rio de Janeiro 2018. Páginas 264, 265 e 266.

"Qualquer observador refletido não desconhecerá que a sociedade moderna atravessa uma crise temerosa. Profunda decomposição a corrói surdamente. O amor do lucro, o desejo dos gozos, tonam-se dia por dia mais aguçados, mais ardentes. Deseja-se possuir a todo o custo. Todos os meios são bons para se adquirir o bem estar, a fortuna, único alvo que julgam digno da vida. Tais aspirações só poderão produzir estas consequências: o egoísmo inexorável dos felizes, o ódio e o desespero dos infortunados. A situação dos pequenos, dos humildes, é dolorosa; e estes, muitas vezes atirados às trevas morais, onde não vislumbram uma consolação, buscam no suicídio o termo de seu males. "[115]

[115] O Porquê da Vida. Léon Denis. Solução Racional do Problema da Existência. Que somos – De onde viemos – Para onde vamos. Editora FEB. 15ª.Edição. 1/1989. Página 51.

PROTEÇÃO SOCIAL

Percepção da ética – evolução histórica

O Dr. Viktor Frankl[116], notável médico do século passado, considera a consciência como sendo a marca de Deus nos homens assim como o umbigo é a marca da mãe no filho.

A presença de Deus nos homens permanecerá ignorada até que ele avance em ética e moral através da expansão da consciência.

A consciência, então, é o sentido de senso e de percepção que permite ao homem ler e compreender as Leis de Deus, nele inscritas deste o Sopro.[117]

Allan Kardec pergunta aos Imortais, onde está escrita a lei de Deus, e a resposta é: *na consciência*[118]

---

116 A presença ignorada de Deus. Viktor Frankl.

117 Sopro: o Hálito de Deus no momento da criação do Ser.

118 O Livro dos Espíritos. Allan Kardec. Editora FEB. Questão 625.

A consciência.

Escolhemos defini-la como sendo o sentido de senso e de percepção das questões éticas e morais nas civilizações que se sucedem. É ela – consciência - que vai capacitar o homem para que possa perceber a Lei de Deus disposta e disponível para ele desde toda a eternidade, e que constituem os valores civilizatórios.

Perceber os valores é fazê-los existir concretamente deles *tomando consciência* e realizando-os. É este o pensamento que permeia toda a magnífica Obra de Viktor Frankl.

Outro filósofo e cientista dos nossos tempos, Hermínio Miranda[119], encerra essa questão com a seguinte definição: *a consciência é o sentido ético.*

É com a consciência que, no processo de completude da espécie humana, poderemos ver e sentir as Leis que regem a natureza, que estabilizam e dão harmonia ao universo.

É a consciência que a orientação o homem na direção do Bem.

O Bem.

Seguir na direção de *O Bem,* este é o caminho. Mas que é O Bem afinal? Temos que atingir essa compreensão.

Meditamos que *O Bem* se componha de mais de um elemento.

Então, será preciso reunir virtudes para a composição de *O Bem.*

A primeira virtude é que seja *bom.*

Para que a substância seja *boa* precisa ser qualificada de *útil.*

---

[119] As sete vidas de Fénelon. Hermínio Miranda. Editora Lachatre. 3ª Edição. Pág. 51

A utilidade de algo é a sua capacidade de cumprir algum papel na economia do universo. Então este algo é bom porque é útil.

A segunda virtude é que tenha *significado.*

É o mesmo que o *valor em sentido estrito.* A relevância de algo.

Este valor, ou significância, não precisa ter necessariamente representação econômica ou financeira. É aquilo que vai se agregar à substância fazendo com que ela exista para algo ou para alguém.

A terceira virtude é que seja *belo.*

A substância bela é a que está em harmonia com o meio. Isso é o conceito de beleza. Porque algo em desarmonia pode ser bonito, mas não será *belo.*

O Bem é um produto que reúne em si mesmo as qualidades de *bondade, de significância e de harmonia.*

Estes três elementos reunidos compõem o Bem, com letra maiúscula que precisa ser realizado pelo homem como agente de progresso de si mesmo e da própria Terra.

Considerando a diversidade humana, o nível da consciência de cada homem representa a sua capacidade para as realizações do Bem.

Sobre a consciência, e seus níveis, tratamos mais detidamente em outro estudo[120].

A proteção social.

Quando começamos a utilizar o termo *proteção social?*

---

120 Livro O Amor é a Fonte do Conhecimento. Aprendendo Amar. Editora Amazon.com. Autora Márcia Regina Pini.

O conhecimento produzido e acumulado nos últimos quinhentos anos na área das relações humanas sedimentou a plataforma do atual padrão civilizatório em que situa a compreensão da assistência social como ferramenta de proteção da nossa própria espécie.

Para chegarmos à consciência atual, a civilização precisou substituir aporias e dogmas[121] por raciocínios metafísicos cuja apreensão pressupõe especial habilidade daquele que está se debruçando sobre o assunto.

A compreensão do observador.

A compreensão do indivíduo que se colocou na posição do observador, será sempre verdadeira para ele no tocante ao seu raio de visão.

A compreensão da comunidade.

A compreensão da comunidade se estabelece no consenso da maioria sobre os resultados do conhecimento acumulado e o que ele significa de conforto para todos. O bem comum.

O que é o bem comum para uma comunidade constitui o reflexo do padrão civilizatório das pessoas que a compõem.

O resultado dos raciocínios.

A filosofia nasceu quando o homem começou a elaborar raciocínios a fim de compreender o meio onde se encontrava.

[121] Aporia: contradição insolúvel, ou dificuldade impossível para o pensamento. Trata-se de um problema que renunciamos a resolver, ainda que provisoriamente, ou um mistério que se recusa adorar. Os dogmas são opiniões transformadas em respostas indiscutíveis para questão que não se resolvem definitivamente – as aporias.

Submetido à lei do progresso, em algum momento da sua trajetória, começaram a *brotar* no homem interesses por experiências de liberdade em relação ao meio e que o foram amadurecendo.

O despertar do homem para a sua dimensão de liberdade se deu inicialmente pelo exercício da filosofia. Trata-se menos da liberdade de algo e mais da liberdade *para* algo. É a ânsia de saber.

Neste tempo o homem compreende melhor o significado da ética, da estética, da ciência e da arte. Sem se por em contradição com investigações empíricas, a partir de seu amadurecimento, consegue elaborar raciocínios que poderão resultar nas respostas para as questões do *ser, do destino e da dor*.

A força das coisas.

Os Espíritos Superiores informam que o progresso é impulsionado *pela força das coisas e pela influência dos homens de bem* [122].

Desde a promulgação da Constituição de 1998, a prestação da Assistência Social passou a ser um serviço público, e consequentemente, um dever do Estado.

Como serviço público, a sua prestação é regulada pelo direito público.

---

[122] O Livro dos Espíritos. Allan Kardec. Editora FEB. Questões 783 e 797. O aperfeiçoamento da Humanidade segue sempre uma marcha progressiva e lenta? Há o progresso regular e lento que resulta da força das coisas. Como o homem poderá ser levado a reformar as suas leis? Isso ocorre naturalmente, pela força das coisas e pela influência das pessoas de bem que o guiam no caminho do progresso. O homem já reformulou muitas leis e ainda reformará muitas outras. Espera!

Assim, as atividades desenvolvidas nesta área sofrem intervenções do Poder Público e são realizadas obedecendo-se os princípios gerais de direito público.

Os que vivem a rotina do direito privado terão dificuldades para compreender a intervenção estatal nas ações que pretendam desenvolver na área da assistência social a partir da sua regulação em marco legal.

Desde então, a prestação do serviço de assistência social está submetido aos princípios constitucionais que norteiam as atividades públicas:

legalidade, impessoalidade, moralidade, publicidade e eficiência.[123]

É certo que essa normativa veio exigir adequação, organização e mudança de visão do serviço como um todo, especialmente para as ações privadas que mantiveram a hegemonia desta prestação de serviços por mais de cinco séculos.

O Estado, por sua vez, pode ser considerado um agente neófito nesta área.

Conflitos se instalaram pelas décadas que seguiram o ano de 1988 e todo o marco legal regulatório da assistência social em 1993[124].

Dentre os princípios de direito público que passaram a regular a assistência aos necessitados, *o princípio da impessoalidade* corrobora a orientação espiritual de respeito às crenças. [125]

---

[123] Constituição Federal. Artigo 37, *caput.*

[124] Lei Orgânica da Assistência Social. Lei nº 8.742 de 7 de dezembro de 1993.

[125] O Evangelho Segundo o Espiritismo. Capitulo XIII, 20. Allan Kardec. Editora FEB. *"É acertada a beneficência, quando praticada exclusivamente entre pessoas da mesma opinião, da mesma crença ou do mesmo partido? Não, porquanto precisamente o espírito de seita e de partido é que precisa ser abolido, visto que são irmãos todos os homens. [...]" São Luis. Paris, 1860.*

Nessa tendência à universalização do atendimento foi criado o Sistema Único da Assistência Social – SUAS em 2011.[126]

No ano de 2009, com a criação da Tipificação dos Serviços Socioassistenciais, foram estabelecidas as bases para o atendimento padronizado e universal em um sistema de rede que se implantaria com o SUAS.[127]

Para chegarmos a esse patamar de entendimento social, a sociedade brasileira trilhou um longo que permitiram o amadurecimento das ideias.

Importante lançarmos olhar sobre a história a fim de nos situarmos no tempo e no espaço.

Os três modelos da assistência social ao longo do tempo.

O Cientista e Assistente Social, Edvaldo Roberto de Oliveira[128], elaborou um artigo que sintetizaremos a seguir.

Pedimos permissão ao amigo para que o seu rico artigo fizesse igualmente parte deste trabalho ao que ele aquiesceu.

Quando situamos os movimentos de assistência social numa linha do tempo, encontramos basicamente três modelos de atendimento.

religioso caritativo; filantrópico, e o da proteção social.

O modelo caritativo religioso.

---

[126] Lei nº 12.435 de 06 de julho de 2011. Faz alterações na Lei Orgânica da Assistência Social e cria o Sistema Único de Assistência Social. O que até então era um programa de Governo, passou a ser um programa de Estado.

[127] Resolução 109 de 11 de novembro de 2009.

[128] Edvaldo Roberto de Oliveira, é cientista social, Mestre em Serviço Social, autor do Livro Proteção Social e Proteção Sociorreligiosa. Direito & Caridade um estudo de caso na Rocinha – Rio de Janeiro. Editora CRV.Curitiba-PR. Brasil. 2020.

A percepção do Autor do artigo sobre o entendimento da Igreja relativamente sobre as desigualdades sociais pode ser resumida em: *nascer pobre ou rico é da natureza; os ricos ganham o céu fazendo a caridade - dando esmolas - e os pobres ganham o céu conformando-se.*

São exemplos de Instituições que realizaram essa prática, as Santas Casas de Misericórdia e as instituições religiosas com assistência à infância a partir do que podemos chamar de a importação do modelo europeu pelo qual as crianças rejeitadas por seus pais eram entregues para doação. Foram os primeiros orfanatos no Brasil. Os pais que não desejavam se identificar colocavam a criança nas *rodas* que era uma abertura nos muros das Santas Casas ou dos Conventos com uma espécie de cesta redonda. A criança era colocada ali e viravase a roda e alguém, de dentro da Instituição, vinha busca-la.

Era a *roda dos enjeitados*.

Grande parte das crianças abandonadas nas rodas, não eram filhos de pobres.

Há inúmeros relatos de que eram crianças filhas de nobres e poderosos, mas que por questões de conveniência os entregavam para adoção.

Nos dias atuais, infelizmente ainda, incontáveis crianças são abandonadas em razão dos preconceitos de uma sociedade egoísta.

Transcrevemos um bilhete datado do século XVIII, fala do conflito interno de quem optou pela deserção da tarefa de mãe ou de pai.

"(...) rogo a Vossa Mercê queira ter a bondade de mandar criar este menino com todo cuidado e amor(...), é este menino filho de Pais Nobres e Vossa Mercê fará honra de lhe criar em casa que não seja muito pobre e que tem escravas que costumam criar essas crianças.(...)."[129]

A primeira experiência deste tipo que se tem notícia data de 1726 na cidade de Salvador; em seguida, no Rio de Janeiro em 1738, em São Paulo em 1825 e em Minas Gerais em 1831.

Esse modelo vigeu durante todo o período do Brasil Colônia até as primeiras décadas do Século XX.

Devo informar, que este modelo, na atualidade, considerando o grande número de crianças que voltaram a ser abandonadas em lugares ermos e encontradas mortas, ou em estado de grande sofrimento, foi copiado nos Estados Unidos por Instituições Públicas. A diferença está na sofisticação do sistema que permite a imediata identificação da presença da criança na *roda* com o acionamento de sirenes silenciosas. A criança é amparada e imediatamente levada para atendimento médico e depois colocada para adoção. São denominadas *caixas* porque se parecem com uma caixa de correio.[130]

Enfim. O que dizer da necessidade de existir algo assim?

Ficamos sem palavras.

---

129 Bilhete deixado junto a uma criança enjeitada no ano de 1760. http://ainfanciadobrasil.com.br/seculo-xviii-os-enjeitados/

130 A caixa, no quartel de bombeiros no Estado da Indiana, nos **EUA**, lembra mais um recipiente para cartas, mas, na verdade, é destinada a ter nela inserida... bebês. Instalada em dezembro, esta é a sétima "caixa de bebês" no Estado, iniciativa visando dar assistência a mães que não desejam ficar com seus filhos recém-nascidos. Estes itens são mais complexos do que parecem à primeira vista - são, por exemplo, equipados com reguladores de temperatura e sensores. Quando um bebê é colocado ali, é acionado um alarme silencioso que alerta serviços de emergência - que resgatam a criança em menos de cinco minutos. https://www.bbc.com/portuguese/geral-47313580

Quem somos nós afinal. Que humanidade é essa que não consegue solucionar a questão social que é a geradora dessa miséria moral?

Porque será que temos tanto medo de simplesmente fazer *o que precisa ser feito?*

Com qual lastro moral nos dirigimos a Deus pedindo misericórdia para os minúsculos *ciscos* em nossos olhos cegos para a luz da verdade que insiste em nos mostrar exatamente qual é o caminho que precisa ser percorrido.

A compaixão. Onde foi que a perdemos Senhor?

Há um texto em O Evangelho Segundo o Espiritismo que fala da razão pela qual existem os órfãos. É belíssimo e sempre reflito sobre ele:

> *"Meus irmãos, amai os órfãos.*
>
> *Se soubésseis quanto é triste ser só e abandonado, sobretudo na infância!*
>
> ***Deus permite que haja órfãos, para exortar-nos a servir-lhes de pais.***
>
> *Que divina caridade amparar uma pobre criaturinha abandonada, evitar que sofra fome e frio, dirigir-lhe a alma, a fim de que não desgarre para o vício!*
>
> *Agrada a Deus quem estende a mão a uma criança abandonada, porque compreende e pratica a sua lei.*
>
> *Ponderai também que muitas vezes a criança que socorreis vos foi cara noutra encarnação, caso em que, se pudésseis lembrar-vos, já não estaríeis praticando a caridade, mas cumprindo um dever.*

Assim, pois, meus amigos, todo sofredor é vosso irmão e tem direito à vossa caridade; não, porém, a essa caridade que magoa o coração, não a essa esmola que queima a mão em que cai, pois frequentemente bem amargos são os vossos óbolos!

Quantas vezes seriam eles recusados, se na choupana a enfermidade e a miséria não os estivessem esperando!

Dai delicadamente, juntai ao benefício que fizerdes o mais precioso de todos os benefícios: o de uma boa palavra, de uma carícia, de um sorriso amistoso.

Evitai esse ar de proteção, que equivale a revolver a lâmina no coração que sangra e considerai que, fazendo o bem, trabalhais por vós mesmos e pelos vossos. – Um Espírito familiar.(Paris, 1860.)"[131]

Então: *Deus permite que haja órfãos, para exortar-nos a servir-lhes de pais.* Mas o que fizemos nós? Criamos os orfanatos. Não sou contra as *rodas* porque elas protegeram as crianças de morrer ao relento e à míngua, mas porque elas permaneceram e permanecem nas Instituições?

Há trinta e cinco anos, aqui em Porto Velho-RO, fiz parte de um grupo de famílias que acolhíamos em nossas residências as crianças órfãs. Era um programa simples, acompanhado pelo Poder Judiciário, pelo qual as crianças aguardavam nas residências por serem adotadas. Denominamos de *Família Acolhedora.* Esta forma de atendimento existe em vários estados brasileiros atualmente.

---

[131] O Evangelho Segundo o Espiritismo. Allan Kardec. Editora FEB. Capitulo XIII, 18.

Infelizmente, depois de alguns anos funcionando muito bem, o Poder Público resolver criar uma Instituição para abrigar as crianças abandonadas e deixou de incentivar este programa de *guarda provisória.*

E desde então, temos um *orfanato* na cidade de Porto Velho. Com outro nome. Lar do Bebê. Mas não é um lar. É um abrigo. Um nome mais sofisticado para *orfanato* uma vez que o *politicamente correto* não gosta do nome de orfanato. Então muda o nome. Sem educar as pessoas, sem mudar os costumes.

Mas devo admitir que, paradoxalmente, nossa legislação avançou. Hoje já é muito mais difícil para uma família estrangeira vir ao Brasil e levar uma criança. Isso foi possível depois que se criou o cadastro nacional de crianças em estado de abandono e de pais dispostos a adotarem. Devo dizer que em toda a minha vida de incansável atividade nesta área, a criação deste cadastro único foi uma das minhas bandeiras. Ele significa que o foco do interesse está na criança e não nas pessoas que desejam ser pais. E isso é um grande avanço. Podem acreditar.

Por isso que os Espíritos Nobres nos concitam a lutarmos incansavelmente para erradicar o *egoísmo* da face da Terra.

O modelo filantrópico.

Este é um modelo mais racional e científico pelo qual a sociedade começa a questionar as causas geradoras de tanta miséria material, social e moral.

A educação é o principal instrumento de ação, com foco na preparação para o trabalho.

Podemos dizer que é uma educação para o trabalho especialmente dirigida para o amparo às crianças e aos jovens abandonados, desamparados, delinquentes[132], ou simplesmente pobres.

Modelo da proteção social.
Finalmente chegamos ao momento atual em que a assistência passa a ser um direito do cidadão e dever do Estado.

A legislação avançou. Mas o paradoxo continua. Porque é assim que acontece.

Sem a educação, as leis progressistas não serão efetivas. Como não são.

A experiência dos últimos trinta anos da assistência social garantida pela Constituição Federal e pelas Leis Complementares, estendendo os conceitos para todos os componentes da família, e continuamos proporcionalmente com o mesmo número de pessoas com fome, e de crianças abandonadas.

Todos os direitos garantidos no papel. Mas enquanto o homem não se educar para a *compaixão* as leis não conseguirão muito mais do que criar *conselhos disso, conselhos daquilo,* os quais infelizmente se transformam, mais dia, menos dia, em espaços de debates estéreis e de prática de política partidária.

Mas temos sim uma legislação que pode ser considerada das melhores do Planeta Terra.

Minha vida tem sido a de informar as pessoas sobre a existência dessas leis.

As ações socioassistenciais estão tipificadas. Temos nome para tudo. O que é muito bom e não estou desqualificando nada.

---

132 Delinquentes hoje é um termo politicamente incorreto. Mas era usado na época.

Mas depois de quarenta anos trabalhando de sol a sol nesta área, devo dizer que sem amor, sem ideal de servir, não conseguiremos edificar nada sobre este amontoado de textos e políticas públicas.

Mas nossas leis se modificaram para melhor pela ação da *força das coisas.* Entretanto poderíamos colaborar mais com o progresso da humanidade uma vez que os Espíritos do Senhor, de quando a quando nos alertam:

> *"Numa sociedade organizada segundo a lei do Cristo ninguém deve morrer de fome."*[133]

É preciso despertar para que o óbvio, quando dito, não cause tanta estranheza.

E somente a educação poderá trazer luz para as consciências adormecidas dos homens.

Uma rede de proteção onde cada elemento seja costurado pela linha da compaixão.

Somos afetados por todas as ocorrências do universo.

É o que tem demonstrado a física quântica porque uma rede de solidariedade nos liga por fios invisíveis apesar de não detectáveis com facilidade.

São fios de matéria.

Uma espécie de nuvem de gazes que corresponde ao percentual de matéria bariônica[134] não detectável com facilidade, conhecida pelos seus efeitos.

---

[133] O Livro dos Espíritos. Allan Kardec. Editora FEB. Questão 930,

[134] Matéria bariônica: corresponde à matéria conhecida composta principalmente por prótons, nêutrons e elétrons. Mas também este termo é utilizado pelos astrônomos para designar a interação gravitacional da macroestrutura do universo.

Então existe sim uma rede de solidariedade que liga entre si todos os seres da natureza. É isso que a ciência comprova nos dias atuais.

Mas este pensamento não é novo. Já o ouvimos no século XVII, por volta do ano 1600: [135]

> *"**Homem algum é uma ilha** completa em si mesma; todo homem é um fragmento do continente, uma parte do oceano. A morte de cada homem me enfraquece porque sou parte da humanidade; assim, nunca perguntes por quem o sino dobra; ele dobra por ti."*

E na atualidade:[136]

> *"Não pode você dizer-me quem eu sou, e eu não posso dizer-lhe quem é. (...) Embora, afinal, só nós sejamos capazes de experimentar o que somos, temos uma tendência instintiva a observar como é que fazem os outros o conhecimento de si mesmos. É vivendo junto com os outros, e como eles, que aprendemos a viver."*

Assim somos todos nós. Os de ontem, os de hoje e os de amanhã. Todos submetidos à mesma lei do progresso: à força mesma das coisas.

A força mesma das coisas nos levará a reformar o ordenamento jurídico para melhor que haverá de garantir, pelo direito, a construção de novos patamares civilizatórios[137].

A fraternidade e a solidariedade universal

[135] DONNE, Jhon. 1572 – 31/03/1631. Meditação. 17

[136] MERTON, Thomas (1915-1968). Homem Algum é Uma Ilha/Tradução Timóteo Amoroso Anastácio. Campinas, SP: Verus Editora, 2003. Prólogo.

[137] O Livro dos Espíritos. Allan Kardec. Editora FEB. Questão 797. *Como poderá o homem ser levado a reformar suas leis?* "Isso ocorre naturalmente, pela força das coisas e da influência das pessoas que o guiam na senda do progresso. Muitas ele já reformou e muitas outras reformará. Espera."

A fraternidade e a solidariedade se universalizarão, saindo do atual patamar de experiências isoladas, ao sabor do acaso e da boa vontade de alguns, a partir do momento em que a humanidade venha firmar na consciência coletiva padrões vigorosos de ética e fibra moral do que seja o bem para todos.

Um conceito de espiritualidade que seja estruturado.

O homem precisa formar no próprio cérebro um conceito de espiritualidade que tenha estrutura suficiente para lhe conferir as respostas para as questões que o afligem desde todos os tempos: *o ser, o destino e a dor.* Quem eu sou, de onde eu vim e para onde eu vou.

Porque conhecer e compreender a dimensão espiritual, é acessar as respostas para esses problemas que nos acometem.

Cognição espiritual.

Rudolph Steiner[138] vai falar da importância desta cognição espiritual. Vai dizer que esta dimensão da existência humana ficou ao encargo de alguns, tendo se encarcerado nos preconceitos e nos corredores do poder do mundo.

Conhecer a espiritualidade é ampliar horizonte tendo Deus como referência, a humildade como premissa inderrogável para o acesso a esse conhecimento e o amor como o elemento que arma a harmonia do destino.

Então vamos nos lembrar de tudo o que já falamos sobre o **afeto** e de como é ele o nosso meio de comunicação com Deus, com o nosso Pai, o nosso Criador. Afinal de contas, vamos encontrar Deus na sua Criação, e a comunicação com a natureza, somente se dá pela experiência do afeto.

---

[138] Rudolph Steiner. 1861-1925. Filósofo, educador, artista e esoterista. Foi fundador da Antroposofia e da Pedagogia Waldorf.

A modificação dos padrões relacionais da nossa sociedade

Vivemos uma sociedade em que a predominância do padrão masculino de relacionamento levou à cristalização da sensibilidade.

As expressões de feminilidade são quando muito toleradas, porque a estética arquitetônica do Planeta está fundamentada em valores de virilidade.

Isso impregnou o mundo de cores e linhas que expressam domínio e poder.

O cuidado, o acolhimento, a proteção, e, por consequência a educação, não estão nas primeiras linhas dos interesses da maioria porque são consideradas energias pobres e deprimentes.

Assim se construiu a civilização europeia que hoje comanda os padrões da ética, da estética e da moral no mundo todo.

Precisamos mudar isso e encontrar outras formas do *humano* se expressar também.

Sem negar as conquistas que a força motriz das energias masculinas significou em termos de avanços em todas as áreas do conhecimento, é necessário permitir que um pouco de ternura passe a envolver a vida de todos nós.

Deixar-se envolver na magia da vida, desacelerar o ritmo das produções de supérfluos em escala gigante para absolutamente nada de útil e passar a conviver mais e melhor com o universo daquilo que não se conhece pelos raciocínios pragmáticos.

Adentrar o inefável, o incognoscível para se permitir embalar com uma criança no colo do Criador.

Temos sentido falta da nossa **mãe.** Estamos todos bastantes cansados do universo **paterno** onde tudo é para ontem.

A nossa **mãe Gaia,** nosso berço e nosso túmulo.

Voltar à veneração dos tempos em que nos entregávamos sem medo à natureza, sem com isso perder nenhuma das conquistas da civilização.

Retomar a linguagem da arte, a linguagem dos sentidos, valorizar a singularidade das diferenças para dialogar com o sagrado, com o incognoscível e nos enchermos finalmente da luz Divina e reencontrar a felicidade perdida.

Retornar à Casa do Pai, e nos fartarmos na alegria da Sua convivência, depois de todas as experiências que foram tão importantes para a criação da nossa identidade.

Experimentar todas as frutas do pomar, sem medo de perdermos o colo da mãe, e a confiança do pai.

Porque a humanidade deve se livrar do medo para ser feliz. Deus é pai amoroso e nos criou para vivermos todas as experiências que Ele mesmo preparou.

Marcamos aqui as reflexões deste filósofo da atualidade, Roger Scruton[139]:

[139] Roger Vernon Scruton. 27 de janeiro de 1944 – 12 de janeiro de 2020. Escritor, filósofo e comentarista cultural. Especialista em estética. No debate cultural e político contemporâneo, é considerado um dos expoentes do pensamento conservador. Vasta obra publicada.

> *"A relação de dependência que liga o mundo a Deus esclarece porque as coisas são como são. Mas essa razão não é uma causa: causas são assuntos da ciência e explicadas por leis universais que descobrimos por meio de experimentos e da observação. A relação causal é uma relação no tempo que liga entes temporais (e portanto contingentes). Ao referir a razão última das coisas, estamos lidando com outro tipo de resposta para a pergunta "por que?"; logo, com outro tipo de portanto. E é isso que dá sentido à vida de oração. Não supomos que Deus possa ser convocado a ajudar-nos a cada momento, nem que esteja esperando nos bastidores da natureza, dando as cartas. (...) Ele está em nós e em torno de nós, e nossas orações dão a forma da nossa relação pessoal com Ele."*[140]

E descobrir, finalmente, que somos muito mais que um punhado de átomos que giram desgovernados na direção do caos.

Que além das forças da matéria, Deus nos governa por outras leis. Que somos talvez a própria quinta força, aquela que organiza e dirige o mundo material: somos Espírito imortal que vive na dimensão da eternidade e do infinito.

Neste universo que fala da origem comum do homem, e somente neste, pelo espelho que o *outro significa,* é que conseguiremos nos ver a nós mesmos.

As ações sociorreligiosas de proteção.

Como pudemos perceber até aqui, a contribuição das instituições religiosas nas ações protetivas acontecem desde as primeiras organizações no Brasil Colônia.

---

[140] O Rosto de Deus. Roger Scruton. Tradução de Pedro Sette-Câmara. É Realizações Editora. 1ª. Edição. São Paulo. 2015. Página 32.

Quando em 1988 o Estado assumiu a assistência como um dever que lhe cabia cumprir, não tinha ideia do quanto de idealismo essa ações exigem.

Assim foi que, por 30 ano vimos o Poder Público praticamente expulsar dos seus "Conselhos" qualquer expressão que remetesse à religiosidade nas ações socioassistenciais.

Do dia para a noite, o Estado se julgou capacitado para fazer o que jamais fizera antes.

Não deu certo. Em algum momento reconheceu que não basta dar coisas. É preciso saber *como dar.* É preciso relacionar e conviver.

Então foram elaboradas as tipificações dos serviços socioassistenciais solicitando isso: *acolhimento, convivência, proteção.*

Mas os técnicos não aprenderam acolher e conviver na escola. Porque a escola não ensina isso.

É preciso certo grau de maturidade do senso moral para *saber acolher sem humilhar, conviver sem invadir.*

As leis jamais conseguirão inserir tais habilidades em ninguém. A pessoa ama e possui ideal ou ela não ama e não tem nenhum ideal. Ter ideais pressupõe amar.

Para tanto o meio termo simplesmente não existe.

Em que pesem todas as críticas que desabaram sobre as ações dos religiosos: assistencialistas, despreocupados da promoção humana e outros argumentos que tais, o Estado finalmente percebeu o óbvio: não está preparado para *acolher, amar e conviver.* Nem jamais estará.

Supõe-se – pelo menos é de se esperar - que os religiosos melhor estejam preparados.

Entendo que nós, os religiosos temos cometido falhas incontáveis. Mas viemos de longa data aprendendo com essas mesmas falhas.

O Estado só está começando a errar.

Então, reconhecer a ação que os religiosos sempre fizeram, e aprender o que de útil podemos nós oferecer neste trabalho gigantesco de erradicar as misérias material moral e espiritual do nosso Brasil, é um passo importante para o sucesso que interessa a todos.

Unir os nossos esforços. Trabalhar juntos.

Idealismo e pragmatismo podem sim conviver. E devem conviver.

Aprender a conviver, religiosos e representantes públicos, é a primeira lição para que possamos estar capacitados a realmente dizer o que isto significa.

O termo sociorreligioso[141] foi cunhado recentemente. É um adjetivo que identifica o substantivo com elementos ou problemas sociais em sua relação com os elementos ou problemas religiosos.

Com este termo, nasceu a importância de se estender o olhar para as instituições religiosas como agentes eficazes nas redes de proteção social. Mais que isso. Como parceiros que têm muito a dizer. E a ouvir também.

---

[141]https://dicionario.priberam.org/sociorreligioso#:~:text=Relativo%20aos%20elementos%20ou%20problemas,Plural%3A%20sociorreligiosos%20%7C%C3%B3%7C.

Então é preciso diálogo. Estabelecer espaços de convivência em que diretrizes sejam realmente analisadas pelos ângulos das variadas visões sociais e não apenas pelos técnicos do Estado. Por mais que isto pareça paradoxal, nos últimos trinta anos ocorreram *aparências de diálogos.* Mas, definitivamente, nós que atuamos nesta área há cinquenta anos podemos testemunhar que o diálogo não existiu.

Bem cabível neste momento sabermos o que religiosos com grande experiência têm a dizer:

> *"Precisamos cultivar aqui a capacidade de diálogo uns com os outros, de respeito às diferenças religiosas, para que, assim, a somatória da perspectiva da* ***vivência religiosa*** *possa também contribuir para cada pessoa individualmente, marcar sua família e a realidade brasileira"*
>
> *(...)"Para cada um desses campos – (cultural, econômico, social e político) - , estamos procurando iluminações na Doutrina Social da Igreja que, durante séculos vem pensando e repensando* ***como elaborar elementos de iluminação*** *capazes de ajudar os cristãos católicos no mundo a se confrontarem com as realidades e ao mesmo tempo* ***oferecerem contribuições de superação dos problemas****".* [142]

A influência da religião e da fé na solução de conflitos e na superação de vulnerabilidades, na construção da esperança, é definidora para significativa parcela de resultados eficazes.

No início deste livro discorremos mais detidamente sobre isso no capítulo destinado à análise da Influência do Bem.

---

[142] Dom Joaquim Mol ,Bispo auxiliar de Belo Horizonte - MG, , a respeito da análise de conjuntura sociorreligiosa apresentada aos bispos do Brasil, reunidos em Aparecida, pela pesquisadora do Centro de Estatísticas Religiosas e Investigação Social, Silvia Fernandes; http://anec.org.br/blog/2016/04/08/mudancas-no-cenario-sociorreligioso-e-momento-atual-no-brasil-sao-temas-das-analises-de-conjuntura/)

A Professora Maria do Carmo Brant de Carvalho, se refere ao termo **solidariedade missionária** quanto trata das redes de proteção comunitária ou de proximidade. Segundo ela, a Igreja, aqui significando as instituições religiosas de forma ampla, é sempre uma porta que acalenta a esperança.

> *"Inegável que os programas religiosos, quaisquer que sejam, representam suporte espiritual, emocional, afetivo, material. São relações primárias significativas que se estabelecem.(...)."*[143]

Então é ela quem por primeiro utiliza o termo sociorreligioso para cunhar o conjunto de suportes: *espiritual, emocional, afetivo e material.*

Os usuários da assistência social, são os mesmos Filhos do Calvário a que se referiu Jesus nos determinando que os assistíssemos há dois mil anos atrás.

(...)Eles falam do que não têm... Entretanto, esse usuário com direito ao acolhimento e ao nosso melhor serviço, não consegue visualizar a sua carência mais essencial: a do Ser. Ele não se reconhece como cidadão no território da comunidade que integra; via de consequência não imagina que é um cidadão do Universo, filho de Deus, herdeiro natural de toda a Criação.

Em que pesem todas as teorias da boa técnica socioassistencial a verdadeira religiosidade, aquela que ensinou acolhimento, convivência e serviço pela única forma possível, a experiência da realização pessoal, é a única via eficaz para a sua conscientização de que *não possuir coisas é uma realidade absolutamente transitória* passível de ser modificada.

---

143 CARVALHO, Maria do Carmo. A priorização da família na agenda da política social . In . A família Brasileira, a base de tudo. - 8 ed- São Paulo: Cortez- 2008

O usuário das ações protetivas, ao ser atingido pela religiosidade – que é um estado de alma bem diferente de culto a crença específica – e então se descobrir integrado a tudo e a todos, estará capacitado para uma nova tomada de posição porque ele se localizou melhor. Ele vai naturalmente se reconhecer com um sujeito de direitos. Mas, este reconhecimento virá então carregado de misericórdia e de compaixão por tudo e por todos a fim de que ele se torne agente de mudança para melhor no meio onde se encontre e não mais um representante da opressão e do egoísmo.

"... Do alto das torres de Notre-Dame não posso, quando quiser, sentir-me em pé de igualdade com aqueles que, encerrados nestes muros, prosseguem minuciosamente tarefas incompreensíveis. Os lugares altos atraem os que querem lançar sobre o mundo o olhar da águia. Somente de perto a visão deixa de ser solipsista, quando o outro volta contra mim o facho luminoso em que eu o havia captado, precisa essa vinculação corporal que eu pressentia nos movimentos ágeis de seus olhos, amplia desmesuradamente este ponto cego que eu adivinhava no centro da minha visão soberana e, invadindo meu campo por todas as suas fronteiras, lança-me na prisão que eu preparara para ele, tornando-me, enquanto ali permanece, incapaz de solidão. ..."[144]

[144] MERLEAU-PONTY, Maurice. O Visível e o Invisível. Editora Perspectiva. 2018. Interrogação e dialética. Pág. 84

FRATERNIDADE E CARIDADE.

A fraternidade é o ponto culminante do processo civilizatório[145]. Em outras palavras, ela é a efetivação da caridade no mundo material de acordo com as habilidades perceptivas de cada um.

Penso que a fraternidade é a irmã mais nova da caridade. Aquela irmã que está aprendendo a fazer, a conviver e a amar a partir dos sentimentos inatos de piedade e compaixão que são as suas provedoras.

A fraternidade é a realização de obras concretas, visíveis e palpáveis. Ser fraterno é possuir capacidade para realizar ações sacrificiais, e realizá-las.

Para tanto o homem precisa se localizar na Terra e ter a percepção eficaz da sua missão.

145 Obras Póstumas. Allan Kardec. Editora FEB. 35ª. Edição. Páginas 233 a 237.

Estas expressões de amor – piedade e compaixão -, que trazemos como dons Divinos e que se vão expandindo na medida em que alcançamos maturidade do senso moral, são a base estruturante de toda ação fraternal. Porque sem elas o homem permanecerá sempre controlado pelas sensações que o corrompem e distraem da sua missão essencial: coparticipar do progresso da Terra na sua estrutura material como nós a conhecemos.

A lei de liberdade, com Jesus, é mais do que desvencilhar-se de algo. É ser livre para realizar algo que a sua consciência determina que seja feito. A maioria de nós está escravizada a costumes medievais e a normas que nos algemam e nos paralisam. Então ser livre para algo, é uma condição que precisamos nos munir para iniciar o processo da fraternidade.

A lei de igualdade, com Jesus, não se estabelece sem que cada um de nós cumpra os eu dever para com a humanidade.

A fraternidade, portanto, é a expressão do amor que já podemos efetivar no meio onde estivermos.

Então se entregar ao mundo da educação naquilo que estamos capacitados, sem esquecer de que, alguns de nossos irmãos precisam ser protegidos para que possam acessar em si mesmos os conteúdos valorosos que possuem.

Educar sem proteger é o mesmo que tentar fazer uma casa começando pelo telhado.

Por isso a fraternidade é definidora nos mundos de provas e expiações como é o nosso, onde o mal ainda se coloca como determinante. Entretanto, Jesus venceu o mal. Devemos nós vencer a impiedade.

> *"E eis que, além-túmulo, em que acreditáveis o nada, vozes vêm clamar-vos: Irmãos! Nada perece. Jesus Cristo é o vencedor do mal; sede os vencedores da impiedade."*[146]

"A piedade é a virtude que mais nos aproxima dos anjos, é a irmã da caridade que nos conduz a Deus".[147] A etimologia desta palavra é, em resumo, *Deus em substância.* O sufixo *dade* tem por objetivo conferir aos substantivos abstratos as características de concretude. Ser piedoso é permitir que o Deus interno se imane à nossa presença na Terra concretamente.

O passo primeiro para realizar a caridade verdadeira, é o entendimento filosófico e mesmo científico da expressão fraternidade com as suas bases de sustentação: a piedade e a compaixão.

Porque a caridade é um estado de consciência desperta que precisamos ainda alcançar na sua completude. Por enquanto temos alguns vislumbres do que venha a ser caridade, e só a fraternidade nos levará ao despertamento definitivo.

Entender o sentido da palavra caridade, exatamente como Jesus, consiste na aquisição de virtudes cujas experiências serão geradoras de progresso, de bondade e de harmonia entre as pessoas e entre os povos.

As virtudes necessárias para a completude da caridade são a *benevolência para com todos; a indulgência para com as imperfeições alheias e o perdão das ofensas*[148] .

[146] O Evangelho Segundo o Espiritismo. Allan Kardec. Missão dos Espíritas. O Espírito de Verdade Capítulo VI, 5.

[147] __ idem. A piedade. Capítulo XIII, 17.

[148] O Livro dos Espíritos. Allan Kardec. Editora FEB. Questão 886.

Indulgência e perdão são estados de alma.

A indulgência é esta habilidade perceptiva da alma para reconhecer o estado de imperfeição do irmão de caminhada e, docemente, o reencaminhar na senda do progresso. Indulgência é *ser doce por dentro.*

O perdão é a capacidade da alma de se doar nas circunstâncias de grande constrangimento não afastando voluntariamente de si o irmão que contra nós tenha agido de forma dolorosa ou até mesmo cruel. Perdoar e o estado mais elevado da compreensão; é *julgar com as razões do outro.* Por isso que Jesus esclarece que devemos perdoar setenta vezes sete vezes. Este número é astronômico: mais de 8 trilhões de vezes. Por isso perdoar é um estado e não um *que fazer.*

A benevolência. Se indulgência e perdão são estados de alma, níveis de consciência desperta, a benevolência significa *desejar o bem,* mas os Espíritos complementam: *para todos.* Então desejar o bem para todos! Em análise mais detalhada, benevolência é a ciência de desejar o bem para todos. Estar desperto, cientificado do que signifique este desejo. Lembrando que desejos são geradores de necessidades. Então temos necessidade de que o bem para todos se realize. E para que o bem para todos se realize, precisamos *fazer o que precisa ser feito.* Sem medo, sem peias, sem meias palavras.

A nossa necessidade essencial é que o bem seja feito.

A necessidade mais evidente do nosso próximo qual é senão a que diz respeito à sua própria sobrevivência de forma digna? Aí está o começo de tudo. O primeiro passo do caminho das nossas predestinações. Porque é nossa primeira percepção. Façamo-la!

As necessidades morais e espirituais também precisam ser atendidas, a fim de que o homem possa, além de sobreviver, cumprir, ele também, a sua missão existencial e encontrar o sentido da vida tornando-se agente do progresso.

Então a benevolência para com todos fala das ações de *cuidados materiais, morais e espirituais* dirigidas ao irmão de caminhada.

Esses cuidados dizem respeito ao desenvolvimento da vida da vida na dimensão da matéria densa porque envolvem as necessidades fisiológicas[149], psíquicas[150] e mentais[151]. Então a benevolência é um estado de percepção ativa para com todos, lutando pela garantia da alegria, da paz e da harmonia dos que vivem sobre a Terra.

O psicólogo Abraham Maslow[152] elaborou exaustivos estudos sobre como se colocam hierarquicamente numa forma de pirâmide, as necessidades humanas para sobreviver, primeiramente, e para ser feliz em segundo plano.

Uma pessoa que vive nas ruas visualiza em si mesma apenas a necessidade de conseguir água e alimentos.

---

149 O corpo físico. A fisiologia humana.

150 Psíquico ou psiquismo: é a faculdade que permite ao Ser expressar as suas emoções e relacioná-las com o meio. É capacidade que o corpo físico possui de permitir que as emanações do Espírito Imortal reverberem no mundo material.

151 Mente ou mental: é a faculdade que permite ao Ser expressar as faculdades intelectuais de memória, gerência, realizar associações, elaborar raciocínios abstratos, criar e imaginar.

152 Abraham Maslow (1908-1970). Psicólogo americano, conhecido pelo desenvolvimento da hierarquia das necessidades do homem; a pirâmide das necessidades. Segundo ele as necessidades se colocam em uma escala de prioridades de atendimento: fisiológicas, segurança, afeto, estima por si mesmo, auto realização.

Ela não se preocupará com a própria segurança e não sentirá medo de dormir ao relento. Com o passar do tempo de permanência nas ruas ela não cogitará mais da própria higiene.

Quando vemos um morador de rua sem chinelos sabemos que ele rompeu os últimos vínculos que tinha consigo mesmo. Se lhe se ele está doente responderá que não. Estar doente é não mais conseguir se locomover ou comer. Ferimentos, dores nos órgãos que não o incapacitem de andar e falar não significam nada para ele.

Esse nosso irmão, deseja comida; água e qualquer coisa que o aqueça no frio.

Se a compaixão nos move na direção dele, precisamos saber que nossa ação se circunscreverá ao essencial: água, comida e alguma peça de roupa. Será inútil qualquer tentativa de lhe chamar a atenção para outra dimensão de necessidades ainda que para nós elas estejam evidentes.

Como realizar a *igualdade* numa situação de vulnerabilidade como essa?

Indispensável acurado senso de percepção, empatia, abnegação e devotamento, aliados às políticas públicas garantidoras dos suportes e das retaguardas para as ações de intervenção.

Quem são eles os vulneráveis afinal?

Os fracos.

São aqueles que sem ajuda não vão superar as circunstâncias que os cercam e os impedem de acessar bens e serviços de necessidade.

Eles estão vulneráveis.

Sob o rude sol da negligência, filha predileta da indiferença, nossos irmãos estão caídos, semi-mortos, desfigurados, à espera de um milagre.

Passam por eles os sacerdotes e os levitas – desatentos ou desequipados - exatamente como na parábola do Bom Samaritano narrada há dois mil anos por Jesus

Além dos caídos, são fracos também, em razão da sua condição biofísica e psicológica, todos infantes da Terra, os adolescentes, os jovens, os idosos, as mulheres gestantes e as mulheres vítimas de violência doméstica.

Mas existe ainda, outra categoria de fracos gerada pela revolução industrial e pelo processo de urbanização: *os trabalhadores pobres*. São os homens e as mulheres que trabalham que estão saudáveis, mas que não conseguem com a sua força produtiva ganhar o necessário para sustentarem a si mesmos e às suas famílias. Eles estão nos guetos das cidades ruidosas, sem acesso a nenhum bem ou serviço, regando com o seu suor e seu sangue a argamassa que ergue os edifícios; estão limpando o chão e os banheiros de hospitais e escolas, guardando a segurança de carros, vendendo qualquer coisa nas ruas.

Os invisíveis.

São nossos irmãos, iguais em humanidade, mas para os quais não desenvolvemos a percepção adequada.

Os invisíveis passarão a existir para nós nas circunstâncias de necessitarmos dos seus serviços, ou de sermos visitados pela sua violência.

Então, nestas duas situações os perceberemos.

Talvez diante do inevitável, venhamos refletir que poderíamos ter estabelecido com eles algum tipo de vínculo diferente que não fosse aquele dos papéis sociais em que os seres humanos são divididos por inúmeros predicados, mas nenhum deles próprio da origem comum de todos nós.

Os invisíveis são aqueles que distanciamos de nós sob o argumento da segurança que o medo sempre gera nas almas egoístas paralisando-as. Tomamos-lhes distância, muitas vezes, fundamentados em carmas, leis de causas e efeitos, que coisas que tais. Tudo sem qualquer confirmação lógica minimamente aceitável. Porque a maioria de nós temos especial capacidade para moralizar a doença e o vício.

Os sofredores.

São os nossos iguais, que áridos da fé, esqueceram o endereço de si mesmos nas dores que os visitam, especialmente as depressões e as doenças mentais. Aqueles que não se integram nas comunidades que pertencem e nos meios onde vivem, tendo encontrado muito cedo o significado da palavra solidão.

Os enfermos.

Nossos irmãos que permanecem encarcerados em corpos incapazes de suprir as necessidades da alma, dependentes da boa vontade de quantos lhe privem a existência exposta ao preconceito e à crueldade dos ignorantes e maus.

As ações protetivas.

Aí estão enumeradas algumas das categorias dos nossos irmãos em humanidade que sem algum tipo de proteção não alcançarão o patamar da igualdade.

Protegê-los naquilo que signifique a sua vulnerabilidade, é a nossa missão nesta Terra, a fim de o Reino do Bem finalmente se implante.

Sejamos nós, portanto, aqueles que haveremos de disputar a honra de servir a Deus Nosso Pai, na tarefa de fazer a Terra se regenerar tornando-se o Mundo Melhor para nós e para nossos descendentes.

O que se deve pensar da esmola?

O conceito do pobre no período medieval era o de um vadio que andava de cidade em cidade, pedindo esmolas em situação de degradação moral. Era o vagamundo, termo que variou para vagabundo.

A partir do século XIX, como já referimos anteriormente, a pobreza atingiu os trabalhadores que migraram das zonas rurais para os centros urbanos em razão do processo de industrialização.

Os operários das fábricas não conseguiam, com o salário obtido com o seu trabalho, prover às suas necessidades.

Passamos a viver o paradoxo daqueles que adquiriam direitos civis e sociais através dos vários movimentos revolucionários da Europa, por um lado, e por outro perderam qualidade de vida e a capacidade de sustentarem a si mesmos e a suas famílias.

Sujeito de direitos - um cidadão – que passa fome e frio. Este o paradoxo dos séculos XIX, XX e XXI até os nossos dias.

Cinco milhões de pessoas passam fome no Brasil de hoje, e treze milhões estão desempregados vivendo abaixo da linha da pobreza.

Os números da fome se movimentam, flutuam, mas sempre em patamares absurdos.[153]

---

153 O *relatório internacional 'O Estado da Segurança Alimentar e Nutrição no Mundo 2018'*, da Organização das Nações Unidas para a Alimentação e a Agricultura (FAO), mostrou que a fome atinge 5,2 milhões de pessoas no Brasil.

Que pensar dos benefícios eventuais distribuídos ao acaso e pela boa vontade de alguns quando reconhecemos que além de cidadãos, eles são nossos irmãos em humanidade? Que são os Filhos do Calvário que nos cabia assistir e cuidar bem? O que responderemos ao Mestre quando indagados: *"onde está teu irmão?"*

Que se deve pensar da esmola?

"Condenando-se a pedir esmola, o homem se degrada física e moralmente; embrutece-se."

"Uma sociedade que se baseie na lei de Deus e na justiça deve prover à vida do fraco, sem que haja para ele humilhação. Deve assegurar a existência dos que não podem trabalhar, sem deixar-lhe a vida à mercê do acaso e da boa vontade de alguns."

Dar-se-á que reproveis a esmola?

"Não; o que merece reprovação não é a esmola, mas a maneira por que habitualmente é dada. O homem de bem, que compreende a caridade de acordo com Jesus, vai ao encontro do desgraçado, sem esperar que este lhe estenda a mão. (...)[154]

(...) não há pessoas que se vêem na impossibilidade de prover às suas necessidades, em consequência de moléstias ou outras causas independentes da vontade delas?

"Numa sociedade organizada segundo a lei do Cristo ninguém deve morrer de forme". (...)"[155]

---

https://observatorio3setor.org.br/noticias/brasileiros-fome/

154 O Livro dos Espíritos. Allan Kardec. São Vicente de Paulo. Editora FEB. Questão 888.

155 __ Idem. Questão 930.

Porque indícios se pode reconhecer uma civilização completa?

Reconhecê-la-eis pelo desenvolvimento moral".(...) somente pode se considerar mais civilizada (uma nação) onde exista menos egoísmo, menos cobiça e menos orgulho; onde hábitos sejam mais intelectuais e morais do que materiais; (...) onde o fraco encontre sempre amparo contra o forte; onde existe menor número de desgraçados; enfim, onde todo homem de boa vontade esteja certo de não lhe faltar o necessário"."[156]

Aí estão algumas das respostas que os Espíritos do Senhor deram para todos nós.

Enquanto aguardamos o Mundo Melhor se estabelecer na Terra, não poderemos ignorar que nossos irmãos morrem de fome todos os dias.

Eles sentem fome de comida mesmo. E sede de água.

Os nossos irmãos que vivem nas ruas das cidades são os que encontram as maiores dificuldade para realizar as necessidades mais evidentes do Ser Humano.

Não existem banheiros, nem água.

Eles dizem que a sede é bem pior que a fome. Que à noite eles sonham que estão bebendo água.

Como podemos supor que estamos vivendo uma civilização?

Então, retornar ao estado da arte quando ainda não nos havíamos corrompido a ponto de perder o senso de compaixão.

156 __ Idem. Questão 793

Faz sentido mergulharmos no mar de reflexões sobre compaixão que Rousseau elaborou para a humanidade do seu futuro: **nós**.

> *"Não vamos, principalmente concluir com* Hobbes *que, por não ter nenhuma ideia de bondade, o homem seja naturalmente mau; que seja vicioso, porque não conhece a virtude; que se recuse sempre aos seus semelhantes serviços que não acredita serem seu dever; ou que, em virtude do direito que se atribui com razão às coisas de que tem necessidade, imagine loucamente ser o único proprietário de todo o universo.*
>
> Hobbes *viu muito bem o defeito de todas as definições modernas do direito natural; mas, as consequências que tira da sua mostram que a toma em um sentido que não menos falso.*
>
> *(...)O mau, diz ele, é uma criança robusta.*
>
> *Resta saber se o selvagem é uma criança robusta. (...)*
>
> *Aliás, há outro princípio que* Hobbes *não percebeu e que, tendo sido dado ao homem para suavizar em certas ocasiões a ferocidade de seu amor próprio ou o desejo de se conservar antes do nascimento desse amor, tempera o ardor que ele tem por seu bem-estar com uma* ***repugnância inata de ver sofrer seu semelhante****.*
>
> *Não creio ter contradição alguma que temer concedendo ao homem a única virtude natural que o detrator mais extremado das virtudes humanas é forçado a reconhecer.*

Refiro-me à ***piedade,*** *disposição conveniente a seres tão fracos e sujeitos a tantos males como nós; virtude tanto mais universal quanto mais útil ao homem que precede nele ao uso de toda reflexão, e tão natural que os próprios animais dão, às vezes, sinais sensíveis dela; sem falar na ternura das mães pelos filhos e dos perigos que afrontam para defendê-los observamos todos os dias a repugnância que têm alguns cavalos em pisar num corpo vivo.*

Um animal não passa sem inquietação perto de um animal morto de sua espécie: alguns lhe dão mesmo uma espécie de sepultura; e os tristes mugidos do gado, ao entrar no matadouro, anunciam a impressão que ele recebe do horrível espetáculo que o comove.

(...) Tal é o puro movimento da natureza, anterior a toda reflexão; tal é a força da piedade natural, que os costumes mais depravados ainda têm dificuldade em destruir,

(...) Mandeville *sentiu bem que, com toda a sua moral, os homens nunca teriam passado de monstros, se a natureza não lhes desse a piedade em apoio a razão: mas não viu dessa única qualidade decorrerem todas as virtudes sociais que quer disputar aos homens.*

Efetivamente, que é a generosidade, a clemência, a humanidade, senão a piedade aplicada aos fracos, aos culpados, ou à espécie humana em geral?

Mesmo a amizade e a benevolência são, afinal de contas, produções de uma piedade constante, fixada sobre um objeto particular.

(...) É, pois, bem certo que a ***piedade*** *é um sentimento natural, que, moderando em cada indivíduo a atividade do amor de si mesmo, concorre para a conservação mútua de toda a espécie.*

É ela que nos leva sem reflexão em socorro daqueles que vemos sofrer; é ela que, no estado de natureza, faz as vezes da lei, de costume e de virtude, com a vantagem de que ninguém é tentado a desobedecer à sua doce voz;

(...) Faze a outrem o que queres que te façam, inspira a todos os homens esta outra máxima de bondade natural, bem menos perfeita, porém mais útil, talvez do que a precedente: Faze o teu bem como o menor mal possível a outrem.

Em uma palavra, é nesse sentimento natural, mais do que em argumentos sutis, que é preciso buscar a causa da repugnância que todo homem experimentaria em fazer o mal, mesmo independentemente das máximas da educação."[157]

Não devo ceder ao impulso de transcrever mai. Sempre será pouco.

Rousseau transborda para nossa humanidade do seu futuro, luz e sabedoria.

Ele permanece incompreendido de quantos não fizeram o silêncio necessário para ouvir a música e a poesia que saíram da sua pena.

Fraternidade e caridade. Expressão e consciência.

[157] A Origem das desigualdades. 1ª Parte. Jean Jacques Rousseau.

"A época atual é a da transição; os elementos das duas gerações se confundem. Colocados no ponto intermédio, assistis à partida de uma e a chegada de outra, e cada uma já assinala no mundo pelos caracteres que lhe são próprios."[158]

158 Obras Póstumas. Allan Kardec. Editora FEB. 35ª. Edição. 2005. Página 323

A compreensão humana. A outra compreensão, a compreensão humana, implica uma parte subjetiva irredutível. Essa compreensão é ao mesmo tempo meio e fim da comunicação humana.

Neste caso, é preciso considerar a diferença entre explicar e compreender. Explicar é considerar uma pessoa ou um grupo como um objeto e aplicar-lhes todos os meios objetivos de conhecimento. Por vezes a explicação pode ser suficiente para a compreensão intelectual ou subjetiva. Ela é sempre insuficiente para a compreensão humana.

Essa compreensão implica identificação e projeção de indivíduo para indivíduo. Se vejo uma criança em prantos, vou compreendê-la não ao medir o grau de salinidade de suas lágrimas, mas lembrando de minhas tristezas infantis, identificando-a comigo e identificando-me com ela."[159]

[159] Ensinar a Viver. Manifesto para mudar a educação. Edgar Morin. Editora Sulina. 2015. Página 73

A METODOLOGIA DA PROTEÇÃO SOCIAL PLENA

A partir de uma epistemologia que avaliou todos os contextos para além da própria realidade histórica e de circunstância, conseguimos firmar a **Pedagogia da Compaixão** que para se realizar precisa da **metodologia** que melhor se lhe adeque.

Para elaborar esta metodologia, fomos além do conceito de proteção social adjetivando-o com a palavra plena: **Proteção social plena.**

Metodologia é o estudo do **como fazer.** É uma das disciplinas da epistemologia. Não temos epistemologia sem a metodologia.

Em quem melhor **fez** a assistência aos necessitados desde que o homem se reconhece como tal, senão Jesus?

Então Jesus, foi também o melhor assistente social que já existiu. E o melhor pedagogo. E o melhor em todas as ciências porque Ele é o Senhor da Terra.

E além de Mestre é também Assistente. A ação de assistir encontra no Melhor Mestre, Jesus, a sua significação verdadeira.

Como Jesus entendia que deveria acontecer a assistência para com uma pessoa em estado de vulnerabilidade.

Isso Lhe foi perguntado por um Doutor, com o objetivo de que Ele demonstrasse desconhecimento das Leis, ou que se contradissesse.

Desejoso de expor Jesus ao ridículo, o Fariseu lhe indaga o de que precisava fazer para ser salvo.

Jesus responde perguntando o que ele, um doutor, conseguia *ler na* lei. O doutor responde que era necessário amar a Deus sobre todas as coisas e ao próximo como a si mesmo. Jesus diz que resposta está certa. Que ele, o doutor da lei, faça isso e viverá. Jesus demonstrou conhecer a lei porque disse que a resposta estava certa. E estava porque em Levítico é exatamente isso que está escrito:

> *"Não te vingarás nem guardarás ira contra os filhos do teu povo; mas amarás o teu próximo como a ti mesmo. Eu sou o Senhor."*[160]

Entretanto, neste questionamento, o doutor, além estar testando o conhecimento de Jesus sobre a lei, esperando que ele não soubesse a resposta, se faz de justo e pergunta *"quem seria este próximo que a lei mandava amar"*.

O doutor da lei deseja que Jesus se exponha mais uma vez e seja obrigado a escolher um lado.

Porque havia duas correntes de entendimento sobre *quem seria o próximo que deveria ser amado.*

---

[160] Bíblia Sagrada. Levítico. 19.18.

Uma das correntes, majoritária, entendia somente as pessoas da mesma família, ou da mesma religião, eram *os próximos* referidos na lei. A outra corrente, minoritária, entendia todos os seres humanos eram *os próximos* uns dos outros.

O doutor da lei sabia que Jesus validava o entendimento da corrente minoritária.

Então, ao invés de responder imediatamente, Jesus conta uma história. Esta história seria conhecida pelos séculos afora como sendo **A parábola do Bom Samaritano.**[161]

> *"Um homem, que descia de Jerusalém para Jericó, caiu em poder de ladrões, que o despojaram, cobriram de ferimentos e se foram, deixando-o semimorto.*
>
> *Aconteceu em seguida que um sacerdote, descendo pelo mesmo caminho, o viu e passou adiante.*
>
> *Um levita, que também veio àquele lugar, tendo-o observado, passou igualmente adiante.*
>
> *Mas, um samaritano que viajava, chegando ao lugar onde jazia aquele homem e tendo-o visto, foi tocado de compaixão. Aproximou-se dele, deitou-lhe óleo e vinho nas feridas e as pensou; depois, pondo-o no seu cavalo, levou-o a uma hospedaria e cuidou dele.*
>
> *No dia seguinte tirou dois denários e os deu ao hospedeiro, dizendo: Trata muito bem deste homem e tudo o que despenderes a mais, eu te pagarei quando regressar.*
>
> *Qual desses três te parece ter sido o próximo daquele que caíra em poder dos ladrões?*
>
> *O doutor respondeu: Aquele que usou de misericórdia para com ele.*

161 Bíblia Sagrada. Lucas, 10:25.

Então, vai, diz Jesus, e faze o mesmo.

Esta história encerra em seu contexto a própria metodologia cristã. A metodologia para os que **são tocados de compaixão.**

Afinal de contas, o que deveria sentir pela humanidade o Nosso Senhor senão grande compaixão das nossas misérias para vir ter conosco e nos ensinar o caminho, a verdade e a vida?

Por isso que a epistemologia cristã é a que se configura na pedagogia da compaixão, e a metodologia cristã, aquela que consegue a realização de todos os atos de misericórdia.

Quando falamos de **proteção social plena** estamos falando exatamente disso: *dos atos de misericórdia a serviço da compaixão.*

Então, não estamos mais falando de Jean Jacques Rousseau. Estamos falando de Jesus.

Falamos de *como Jesus mandou fazer.*

A metodologia que vai ser composta por todos os métodos que ensinem a *perceber, observar, aproximar-se, munir-se sempre dos recursos necessários, trabalhar no pronto atendimento e institucionalmente no acompanhamento, tornar-se responsável pelo outro, ser com o outro.*

Então, a*colher, proteger, educar, transformar e construir.* Aí está um processo de proteção e de promoção humana que ajudei a construir nas minhas experiências junto ao Lar Fabiano de Cristo, com sede no Rio de Janeiro.

Esta Obra do Bem – o Lar Fabiano de Cristo - constitui, no Brasil, a maior instituição prestadora de assistência social, privada que eu conheço.

Acolher: uma forma especial de pegar no colo.

Proteger: Identificação e atenção efetiva das vulnerabilidades

Educar: acessar os conteúdos internos do Ser Integral permitindo que se expandam para o mundo das relações.

Transformar: identificar potenciais e direcioná-los para as conexões necessárias e próprias.

Construir: atingir o estágio de consciência desperta para o momento de transição para o mundo de regeneração, diminuindo os fatores de distração da missão interna e coletiva.

Os métodos que venham compor a metodologia da *proteção social plena* precisarão se fundamentar na epistemologia que originou a *pedagogia da compaixão.*

Métodos que possibilitem acessar sentimentos nobres de maneira dirigida e que estão disponíveis pelos conhecimentos que a ciência, a filosofia, a arte e a religião já estruturaram.

Onde encontrar *os como fazer?*

Este conhecimento já foi produzido e pode ser acessado com certa facilidade por qualquer pessoa que se disponha a observar.

A psicologia da gratidão, a física quântica das relações de convivência, a filosofia da fé, da esperança e da caridade, na religião do amor por tudo e por todos.

Acolher com Jesus.

Estamos falando do Mundo Melhor que desejamos ajudar a construir para deixar de legado aos nossos descendentes.

Desejamos participar desta grande tarefa que é a regeneração da Terra e a implantação do Reinado do Bem

Para isso, não basta cumprir a lei civil que manda acolher. Devemos ir além e *acolher com Jesus,* como se Ele estivesse em nós.

Como a lei manda fazer não é suficiente; temos de perguntar: como Jesus faria nesta situação?

Equipar-se todos os dias com o óleo e o vinho na possibilidade de sermos convocados para o serviço. O óleo significa estar capacitado para agir, possuir em si mesmo os esclarecimentos que o necessitado vai precisar para melhorar sua condição; e o vinho, que significa estar alinhado com os propósitos Divinos e servir com alegria; levar esperança e fé para aquele que perdeu a si mesmo.

> *Vinde a mim todos vós que estais aflitos e sobrecarregados e eu vos aliviarei.*[162]
> *"...Em verdade vos digo: os que carregam seus fardos e assistem os seus irmãos são bem-amados meus. Instruí-vos na preciosa doutrina que dissipa o erro das revoltas e vos mostra o sublime objetivo da provação humana. ...*
>
> *"...Tomai pois por divisas essas duas palavras:* devotamento e abnegação, *e sereis fortes, porque elas resumem todos os deveres que a caridade e a humildade vos impõem.* [163]

Educação e Jesus.

> *O discípulo não é superior a seu mestre, mas todo o que for perfeito será como o seu mestre.*[164]
> *Eu disse: Vós (ó juízes) sois (como) deuses, ...* [165]
> *...não está escrito na vossa lei:* "Eu disse: sois deuses?"[166]

Devotamento

---

[162] Bíblia Sagrada. Mateus, 11:28.

[163] O Evangelho Segundo o Espiritismo. Allan Kardec. Editora FEB. 2006. Capítulo VI, 6, 8.

[164] Bíblia Sagrada. Lucas 6

[165] Bíblia Sagrada. Salmos, 82:6

[166] Bíblia Sagrada. João. 10:34

"(...) Não pode a alma elevar-se às altas regiões espirituais, senão pelo devotamento ao próximo; somente nos arroubos da caridade encontra ela ventura e consolação. (...)"[167]

A piedade.

"(...) A piedade, a piedade bem sentida é amor; amor é devotamento; devotamento é o olvido de si mesmo, e esse olvido, essa abnegação em favor dos desgraçados, é a virtude por excelência, a que em toda a sua vida praticou o divino Messias e ensinou na sua doutrina tão santa e sublime".[168]

Vicente de Paulo e os níveis de intervenção.[169]

São Vicente de Paulo, considerado o coração mais puro do século XVII, nos anos verdes da sua encarnação vivenciou experiências fortes que o preparariam para as realizações que o aguardavam.

Sua história, contada centena de milhares de vezes, em versões que se sobrepõem, não será jamais conhecida de nós, meros mortais em sua essência realizadora.

É com Vicente que, após quinhentos anos de Francisco de Assis, voltamos a nos enternecer diante das misérias humanas.

Com ele conseguimos minimizar a corrupção que nos enfraqueceu a alma e sentir, ainda que por instantes, o sabor da piedade e da compaixão.

167O Evangelho Segundo o Espiritismo. Allan Kardec. Editora FEB. 2006. Capítulo XIII, 12.

168 O Evangelho Segundo o Espiritismo. Allan Kardec. Editora FEB. 2006. Capitulo XIII, 17

169 Nascido *Vincent de Paul* ou *Vincente Depaul.* 24/04/1581 – Pouy; 27/09/1660 – Paris, França. Foi sacerdote católico francês e um dos mais evidentes protagonistas da Reforma Católica na França do século XVII.

Com a vida de Vicente de Paulo, a humanidade começou a desvendar os passos necessários para as ações de intervenções importantes na vida comunitária e na vida privada que levam à promoção do Ser na sua integralidade.

Acolher, proteger, educar, transformar e construir começam com ele.

A pirâmide das necessidades tão bem desenvolvidas nas academias do século XX, é apenas uma releitura, pálida, do processo realizado em sua completude por Vicente de Paulo.

É ele quem primeiro percebe as necessidades básicas dos sofredores entendendo que, sem atendê-las não é possível que se possa fazer nada mais pela alma daquele Ser.

Então ele atende primeiro e somente depois se informa. Ele atende o corpo primeiro, por razões óbvias – mas o óbvio precisa ser dito, já aprendemos isso – e somente depois vai investigar as causas da miséria que atingiu aquele irmão em humanidade.

Ele inaugura as visitas familiares; os espaços de convivência; as rodas de conversa; o atendimento fraterno através do diálogo; o fortalecimento dos vínculos familiares e comunitários; a psicologia da desvinculação das culpas com as indulgências coletivas.

E, para além de tudo isso, com seus esforços ele diz algo ainda mais sensacional:

"é preciso criar um padrão institucional que possa ser replicado".

Desde o século XVII, fomos informados de que é necessário institucionalizar a ação a partir de dois movimentos importantes: idealismo – piedade, compaixão - e pragmatismo – óleo, vinho. Então institucionalizar significa trazer para a crosta da Terra as *hospedarias* que Jesus orienta na Parábola do Bom Samaritano.

Não nos referimos à estatização das ações, até porque o Estado neste tocante é manco. Como já dissemos em várias oportunidades, a técnica sem amor humilha. O amor sem técnica cria dependência.

Lembro também, que ninguém é obrigado a esperar que o poder público cumpra seu papel, ou que o sistema econômico ou político mude, para dividir o próprio tempo e os recursos intelectuais, morais e financeiros que possua.

Vicente de Paulo coloca para nós a seguinte hierarquia das necessidades humanas: *primeiro nível: necessidades básicas; segundo nível: autoestima; terceiro nível: cidadania; quarto nível: elaboração de um modelo arquetípico.*

Este modelo arquetípico, este padrão de como se deve prestar assistência e educação aos nossos irmãos, não virá por decreto. Virá dos nossos esforços incessantes para interferir na sociedade como instrumento para a construção do Mundo Melhor.

Reconhecemos que as experiências Vicentinas que seguiram à sua desencarnação, em grande parte, permaneceram no atendimento do primeiro nível de necessidades.

Ficamos, nós humanidade, nos últimos séculos no primeiro passo que é muito importante porque, sem a posse do necessário para viver ninguém pode ser feliz do ponto de vista da vida material. Entretanto, também não se encontra a felicidade sem atingir as dimensões sutis da alma que é a consciência tranquila e a fé no futuro.[170]

Então, permanecer no primeiro nível de atendimento é ser manco, como o Estado é.

Sem o ideal da fraternidade não se acessa aos níveis de autoestima, cidadania, e, menos ainda, se conseguirá erguer *hospedarias* – instituições – fortes e eficazes.

Atender o irmão do ponto de vista das suas necessidades materiais, morais, e espirituais. Encontrar as causas reais das suas misérias. E estabelecer com ele um plano de ação para erradicar essas causas. Antes disso, entretanto, precisamos estar com ele até que raie o dia. Assim como o Samaritano *passou a noite com o caído* e aguardou que as sombras se dissipassem para que pudesse entregá-lo aos cuidados da hospedaria.

Não era uma hospedaria qualquer. O Samaritano sabe que aquela instituição tinha condições de *cuidar bem* daquele homem que estava caído.

O Samaritano possuía recursos em si mesmo para as ações emergenciais e de pronto socorro para atender as necessidades primárias e básicas. Ele também possuía em si mesmo óleo, o combustível da luz, que significa capacidade de percepção do cenário definir o rumo certo. E ele possuía vinho porque realizou o bem com alegria.

---

[170] O Livro dos Espíritos. Allan Kardec. Editora FEB. Questão 922.

Porque supor que é possível trabalhar constrangido ao lado de Jesus, é uma ilusão.

O servo de fiel está ao lado do Noivo e por isso realiza as tarefas com ânimo forte e muita alegria.

Não significa que o trabalhador de Jesus não sofra as contingências da existência em um mundo de expiações e provas; que, em outras palavras, não sofra. Ele sofre sim porque o sofrimento faz parte do nosso processo de evolução considerando que nos últimos séculos, saímos do caminho, enveredamos por atalhos sombrios, elaboramos algumas circunvoluções desnecessárias, perdemos tempo, plantamos espinheiros. Agora são naturais alguns arranhões. Mas Jesus está conosco. Então as arranhaduras são suportadas com alegria e muito ânimo. Reclamando não dá.

"... no futuro da Humanidade, os templos materiais do Cristianismo estarão transformados em igrejas-escolas, igrejas-orfanatos, igrejas-hospitais, onde não somente o sacerdote da fé veicule a palavra de interpretação, mas onde a criança encontre arrimo e esclarecimento, o jovem a preparação necessária para as realizações dignas do caráter e do sentimento, o doente o remédio salutar, o ignorante a luz, o velho o amparo e a esperança. O Espiritismo evangélico é também o grande restaurador das antigas igrejas apostólicas, amorosas e trabalhadoras. Seus intérpretes fiéis serão auxiliares preciosos na transformação dos parlamentos teológicos em academias da espiritualidade, das catedrais de pedra em lares acolhedores de Jesus."[171]

[171] Missionários da Luz. André Luiz. Capitulo 8.

AS INSTITUÇÕES PRIVADAS NOS CONTEXTOS DA EDUCAÇÃO E DA PROTEÇAO PLENA

A contribuição das instituições privadas para a melhoria e o crescimento das ações nos contextos educacionais e assistenciais é relevante.

Devemos à inciativa privada, através das organizações religiosas, das associações e das sociedades que atuam nas áreas vulneráveis do Brasil – educação, saúde e assistência social – a experiência definidora das atuais políticas públicas existentes.

A inaptidão do Estado para conviver em harmonia com as inciativas privadas é uma causa importante para o atraso que ainda verificamos.

Mas não podemos desistir. Nem o Estado, nem a Sociedade Civil que vem se organizando dia a dia.

Porque as ações de educação integral e de proteção plena, não se realizarão com eficácia sem que esses dois setores, governo e sociedade civil se unam em torno desse ideal.

O primeiro setor – o governo – deve passar a respeitar a experiência adquirida e o *modus operandi* das inúmeras instituições sérias espalhadas pelo Brasil desde os tempos coloniais.

O segundo setor – o mercado – tem sido convocado à prestar contas da sua atuação social e o investimento que deva fazer para melhorar as condições de vida da comunidade que é o objeto da sua ação.

O terceiro setor – a sociedade civil organizada - deve procurar incorporar as normas de transparência, controle e registros confiáveis de suas ações.

Para tanto, não bastam as leis. É necessário disposição de ambas as partes.

Liberdade, aqui considerada no sentido estrito: mínima interferência do Estado naquilo que o privado possa realizar ou que já realize com eficiência, moralidade, impessoalidade e publicidade conforme determina a Constituição no seu artigo 37 para todos os que gerenciem recursos de terceiros.

Feitas essas considerações, que cada um de nós perceba ao seu redor o que precisa ser feito, e, se possuir as condições, fazer.

A interação das iniciativas privadas com o governo, na área da educação possibilitará menor custo operacional, maior eficiência e eficácia na prestação do serviço.

Um exemplo disso é o estabelecimento de efetivas parcerias entre instituições educacionais públicas e instituições prestadoras de assistência social da sociedade civil. Nestes casos, cujos exemplos já temos vários pelo Brasil afora, é possível estabelecer a completude do processo de educação integral reunindo educação formal em um período, com ações socioeducativas em outro período.

As organizações da sociedade civil prestam excelentes serviços especialmente na **proteção social básica.**

Os serviços de convivência e fortalecimentos dos vínculos familiares e comunitários já eram prestados com eficácia comprovada desde a metade do século XX.

De lá, para cá, conforme já relatamos à saciedade neste estudo, a consciência individual e coletiva adquiriu enorme senso de responsabilidade social.

Amadurecemos e precisamos reconhecer e contar esta bênção, como elevado ativo intangível. Sem dúvidas, a sociedade brasileira possui inegáveis experiências nobres que precisam apenas de maior visibilidade.

O *modus faciendi* – tipificação - do serviço socioassistencial que contou com a colaboração de excelentes mentes que vieram da sociedade civil, e um exemplo digno de nota.

Estamos aprendendo a fazer, fazendo.

A minha ação pessoal tem sido mais vigorosa dentro das organizações religiosas, especialmente as organizações espíritas.

Porque o espiritismo é uma religião que somente se realiza na prática, na vivência.

O Espírita que se coloque na condição de colaborador meramente intelectual está paralisado nos vórtices filosófico ou científico da doutrina espírita, mas esqueceu da religião.

A religião espírita exige doação de si mesmo na direção daquele que sofre mais.

As organizações religiosas espíritas desde seu início no Brasil primaram pela prestação de serviços importantes junto à comunidade e à família.

Esses serviços estão hoje tipificados com o nome de *serviços de convivência e fortalecimento dos vínculos familiares e comunitários.*

Serviço relevantíssimo que eram prestados no momento em que se distribuíam benefícios eventuais como alimentos, roupas e remédios.

Segurança alimentar, higiene e saúde pessoal, prestados na melhor forma que os religiosos entendiam como prática da caridade material.

Mas que importa o nome que se dê?

As maravilhosas rodas de conversas nas atividades grupais tão bem desenvolvidas por quase todas as instituições religiosas, não somente as espíritas. Os grupos de gestantes, os grupos de mães e nutrizes, os grupos de pais.

As atividades de arte e esporte em geral sempre tão bem organizadas e realizadas pelas organizações da sociedade civil, religiosas ou não.

E tantas outras ações que vamos reconhecer nas primeiras leituras das normas tipificadoras dos serviços sociassistenciais.

Os espaços de convivência, descritos com rara beleza no livro Conviver para Amar e Servir, do qual transcrevo breve excerto a fim sensibilizar para esta leitura obrigatória dos que se dispõem aprender a servir.

> *"As atividades assistenciais podem se constituir num portal de acesso a um processo libertador do ser aprisionado a necessidades materiais e problemas espirituais.*
>
> *O magnetismo grupal, a convivência, a acolhida, a escuta e a possibilidade de aprendizagens múltiplas, sob a ambiência de legítima fraternidade será expressão de um evangelizar, no sentido posto por Jesus."*
>
> *Espaço de convivência. (...) É o espaço das relações interpessoais, grupais, familiares, geracional, etc. É nesse espaço de relações sociais espirituais que se processa a afirmação dos valores cristãos preconizados pelo Espiritismo: fraternidade, igualdade, liberdade, diversidade, justiça, respeito mútuo; numa palavra, relações baseadas na caridade. E esse espaço nunca é dado* a priori, *quer dizer, é um processo de construção progressiva, onde se exercita a pedagogia cristã, em que todos crescem social e espiritualmente.*[172]

O Movimento Espírita Brasileiro, através do Conselho Federativo Nacional que é constituído pela reunião das Instituições Federativas Estaduais, aprovou um documento importante que traça normas, desde o ano 2000, para a forma como os serviços assistenciais espíritas devam ser encaminhados. Transcrevo aqui um excerto do texto do ano de 2012,[173] porque o considero bem completo.

---

[172] Conviver para Amar e Servir. Baseado em Mário da Costa Barbosa. Editora FEB. 2013. Pág. 40.

[173] Manual do Serviço de Assistência e Promoção Social Espírita. Editora FEB. Rio de Janeiro. 2012. 3ª. Edição. Pág. 9.

"(...) Em conseqüência, a caridade supera a concepção reducionista e tradicional de esmola (ajuda material) e passa a definir-se como ir ao encontro do próximo.

A caridade não está no que se dá, mas na relação que se estabelece com o outro, relação esta que se apresenta num processo amoroso de envolvimento do ser com outro ser."

O Centro Espírita, portanto, deve ser um espaço de convivência, em que a fraternidade não seja apenas um ideal, mas um exercício de construção de relações.

Mais do que uma casa prestadora de serviços (de alimentos, de roupas etc), um espaço de convivência, onde o usuário de seus serviços, em sua condição de cidadão – sujeito de direitos –, gosta de estar, sente-se bem em estar, é recebido como é, com o seu jeito, com as suas características, com a sua forma de falar, e onde encontra quem se disponha a conversar com ele de forma natural, de irmão para irmão, dando-lhe tempo para que caminhe do ponto em que se encontra e permita acesso ao seu coração, abrindo-se, também, para o coração do outro, à semelhança do Bom Samaritano da história evangélica.

Alguns ajustes que os mais experientes podem ajudar a fazer, e pronto!

Porque em algum momento precisamos começar.

Unir os esforços.

Precisamos aprender, enquanto inciativa privada, a propor ao governo, parcerias significativas. Estudar o que sejam as parcerias público-privadas, e nos inserirmos neste universo.

Somos sim, o homem no mundo, e precisamos convocar nossos irmãos ao trabalho.

Que sem medo nos equipemos convenientemente a fim de que, o Senhor, ao chegar, encontre a obra concluída.

Ter em mente que o mal somente permanece na Terra por causa da timidez dos bons que se submetem à intriga à audácia dos maus.[174].

Então trabalhar incansavelmente atendendo a exortação do Espírito de Verdade:

> *Ditosos os que hajam dito a seus irmãos: "Trabalhemos juntos e unamos os nossos esforços, a fim de que o Senhor, ao chegar, encontre acabada a obra", porquanto o Senhor lhes dirá: "Vinde a mim, vós que sois bons servidores, vós que soubestes impor silêncio às vossas invejas e às vossas discórdias, a fim de que daí não viesse dano para a obra!"*[175]

Trabalhar e esperar no Bem, obreiros do Senhor que somos todos nós.

Trabalhadores da última hora, que o Reinado do Bem se implante na Terra com a nossa cooperação.

Disputemos a honra de servir a Jesus com ânimo e zelo na grande obra da regeneração!

> *"O bem reinará na Terra quando, entre os Espíritos que a vêm habitar, os bons predominarem, porque, então, farão que aí reinem o amor e a justiça, fonte do bem e da felicidade.*
>
> *(...)Todos vós, homens de fé e de boa vontade, trabalhai, portanto, com ânimo e zelo na grande obra da regeneração, que colhereis pelo cêntuplo o grão que houverdes semeado.*
>
> *Ai dos que fecham os olhos à luz! Preparam para si mesmos longos séculos de trevas e decepções.*

---

174 O Livro dos Espíritos. Allan Kardec. Editora FEB. Questão 932.

175 O Evangelho Segundo o Espiritismo. Allan Kardec. Editora FEB. Os Obreiros do Senhor. Capítulo XX, 5.

Ai dos que fazem dos bens deste mundo a fonte de todas as suas alegrias! Terão que sofrer privações muito mais numerosas do que os gozos de que desfrutaram! Ai, sobretudo, dos egoístas! Não acharão quem os ajude a carregar o fardo de suas misérias." São Luís[176]

Programa UniCristo.

Este é um programa pensado em como talvez Jesus faria se estivesse na Terra para estabelecer um programa de educação que contemplasse toda as dimensões do Ser.

Pensamos na educação integral e na proteção plena a fim de que todos os nossos irmãos consigam esquecer um pouco as dores de estômago faminto para se fixarem no Espírito Imortal que viverá para sempre.

Missão do Programa UniCristo.

Desenvolver e realizar, a educação transformadora, fundamentada na **pedagogia da compaixão,** que constitua modelagem eficaz passível de replicada para contribuir na construção do Mundo Melhor.

Visão do Programa UniCristo

Protagonizar a implantação e a implementação do sistema de Educação Integral estabelecendo rede de parcerias com atores de excelência, sendo então reconhecida como programa importante para inclusão da **compaixão** como categoria política na Base Nacional Comum Curricular - BNCC na Educação Básica, para a formação das qualidades identificadoras do Homem de Bem.

[176] O Livro dos Espíritos. Allan Kardec. Editora FEB. Questão 1019.

Considerações finais:

Porque a vocação é estar preparado para realizar algo. Não necessariamente algo que se queira ou goste de fazer; mas algo para o qual se esteja capacitado, habilitado previamente. Nessa perspectiva de o que seja a vocação, chega um momento em que a Vida nos cobra o preço pela capacitação e nos determina fazer alguma coisa. Nessa hora da cobrança, a Vida nos dirá que somente nós estamos capacitados para aquela realização e por essa razão somos insubstituíveis. Se não fizermos ninguém fará.

Que Jesus nos abençoe e nos envolva na Sua Paz.

Márcia Regina Pini

ÍNDICE

A

B

C

D

E

F

G

H

I

J

L

M

N

O

P

R

S

T

U

V

Márcia Regina Pini

Nascida em Paranavaí - PR, no dia 11 de outubro de 1957, filha do Senhor João Pini Filho e da Dona Benedita Aparecida Ferreira Pini.

Advogada formada pela Universidade Estadual de Londrina, Especialista em Metodologia do Ensino Superior e em Governança Corporativa.

Advogada da União Aposentada.

Exerceu cargos de assessoramento no Governo do Estado de Rondônia, Tribunal de Contas e Tribunal de Justiça.

Integrou a equipe que realizou os principais atos legais no processo de mudança do Território Federal de Rondônia para Estado de Rondônia e os atos legais de estrutura do Estado, tais como o Código de Organização e Divisão Judiciária do Estado de Rondônia; Lei Orgânica do Ministério Público; estrutura jurídica do Banco do Estado de Rondônia; estrutura jurídica de empresas públicas e de economia mista do Estado de Rondônia; implantação do serviço assistência jurídica aos necessitados – Defensoria Pública.

Participou ativamente na implantação do Tribunal de Justiça do Estado de Rondônia, assessorando o Desembargador Fouad Darwich Zacharias, sendo a redatora dos primeiros atos legais da sua estrutura interna.

Dedicou-se à Defensoria Pública do Estado de Rondônia na sua implantação no ano de 1983 e posteriormente os últimos doze anos da sua carreira na condição de cedida pela Advocacia Geral da União.

Conselheira da Federação Espírita Brasileira.

Presidiu a Federação Espírita de Rondônia por quinze anos.

Coordenadora do Instituto Cultural e Educacional Espírita André Luiz em Porto Velho-RO.

Coordenadora do Instituto Rousseau em Belo Horizonte.

Mãe de onze filhos e avó de seis netos até a data de hoje (03/03/2021).

Made in the USA
Columbia, SC
23 November 2024